OSNOVNI VODIČ ZA UDOBNU AZIJSKU HRANU

100 okusa koji će zadovoljiti dušu iz srca ugodne azijske kuhinje

Laura Marušić

Materijal autorskih prava ©2023

Sva prava pridržana

Nijedan dio ove knjige ne smije se koristiti ili prenositi u bilo kojem obliku ili na bilo koji način bez odgovarajućeg pisanog pristanka izdavača i vlasnika autorskih prava, osim kratkih citata korištenih u recenziji. Ovu knjigu ne treba smatrati zamjenom za medicinske, pravne ili druge stručne savjete.

SADRŽAJ _

SADRŽAJ _	3
UVOD	6
KOREJSKA UDOBNA HRANA	**7**
1. Hotteok s povrćem i rezancima	8
2. Kruh s jajima	11
3. Vruća i začinjena torta od riže	13
4. Korejsko-američke palačinke s plodovima mora	15
5. Veganski bulgolgi sendvič	17
6. Korejski kolač od slanine i jaja	19
7. Korejski curry riža	21
8. Rolada od zebra jaja	23
9. Korejski kolači od oraha na štednjaku	25
10. Street Toast sendvič	27
11. Povrće prženo u dubokom ulju	29
TAJVANSKA UDOBNA HRANA	**32**
12. Tajvanska riblja tempura	33
13. Tamsui riblje kuglice	35
14. Smrdljivi tofu	37
15. Tajvanske mesne okruglice	39
16. Tajvanske gljive kokice	42
17. Tajvanska piletina kokice	44
18. Taro kuglice	46
19. Pržene gljive	48
20. Lignje na žaru	50
21. Tajvanska mljevena svinjetina i kiseli krastavci	52
22. Tajvanska pirjana svinjska riža	54
23. Tajvanski pileći gulaš sa sezamovim uljem	56
24. Tajvanske knedle	58
25. Tri šalice piletine na tajvanski način	60
26. Tajvanski svinjski kotleti	62
27. Goveđe kocke na žaru	64
28. Tajvanska zdjela pirjane svinjske riže	66
29. Tajvanska ljepljiva rižina kobasica	68
30. Jerky od svinjskog mesa na tajvanski način	70
31. Tajvanska rolada s rižom	72
JAPANSKA UDOBNA HRANA	**74**
32. Tofu u umaku od crnog papra	75
33. Agedashi tofu	77
34. Šiso riža sa sezamom	79
35. Japanska krumpir salata	81
36. Natto	83

37. Nasu Dengaku 85
38. Tava s ramenskim rezancima i odreskom 87
39. Ramen Carbonara sa sirom 89
40. Četiri -sastojak ramen 91
41. Ramen lazanje 93
42. Ramen vrući svinjski kotlet 95
43. Miso svinjetina i ramen 97
44. Pečena piletina Katsu 99
45. Hayashi curry od mljevene govedine 101
46. Pileći teriyaki 103
47. Japanska zdjela za losos 105
48. Piletina u loncu/Mizutaki 107
49. Japanski brancin s đumbirom 109
50. Japanski fancy teriyaki 111

INDIJSKA UDOBNA HRANA 113
51. Pileća tikka zdjela riže 114
52. Zdjela smeđe riže s karijem 116
53. Zdjela riže sa sirom 118
54. Indijska zdjela riže s curryjem od ovčetine 120
55. Indijska kremasta zdjela za curry 122
56. Indijska zdjela riže s limunom 124
57. Indijska Buddha zdjela od cvjetače 126
58. Indijska zdjela od leće na žaru 128

KINESKA UDOBNA HRANA 130
59. Kineska pileća pržena riža 131
60. Začinjena zdjela s povrćem 134
61. Zdjela za kinesku mljevenu puretinu 136
62. Zdjele za rižu od mljevene govedine 138
63. Zdjela za hrskavu rižu 140
64. zdjela ljepljive riže 142
65. Hoisin goveđa zdjela 144
66. Zdjela za rižu od svinjetine i đumbira 146
67. Veganska zdjela za pečenje s umakom od sezama 148
68. Čili pileća riža zdjela 150
69. Tofu Buddha zdjela 152
70. Dan zdjela riže 154
71. Zdjela riže s mljevenom piletinom 156
72. Zdjela za rezance s limunom 158
73. Zdjela riže s piletinom od češnjaka i soje 160

VIJETNAMSKA UDOBNA HRANA 162
74. Banh Mi zdjela riže 163
75. Govedina i hrskava riža 165
76. Zdjela s piletinom i sirarcha rižom 167

77. Zdjela s govedim rezancima s limunskom travom 169
78. Zdjela s glaziranom piletinom i rižom 171
79. Češnjak kozica Vermicelli 173
80. Zdjela s pilećim okruglicama i rezancima 175
81. zdjela riže 177
82. Začinjena goveda riža zdjela 179
83. Zdjela s karameliziranom piletinom 181

TAJLANDSKA UDOBNA HRANA 183

84. Tajlandski curry od kikirikija i kokosa od cvjetače i slanutka 184
85. Pržene tikvice i jaje 186
86. Vege Pad Thai 188
87. Mljeveni krumpir s čileom na tajlandski način 190
88. Jastučić za špagete za skvoš tajlandski 192
89. Okruglice kuhane na pari sa Shiitake gljivama 195
90. Tajlandski tofu Satay 197
91. Tajlandski prženi rezanci s povrćem 200
92. Tajlandski rižini rezanci s bosiljkom 203
93. Pržena riža s ananasom 205
94. Tajlandska kokosova riža 207
95. Tajlandska žuta riža 209
96. Prženi patlidžan 211
97. Tajlandsko prženo zelje 213
98. Tajlandski prženi špinat s češnjakom i kikirikijem 215
99. Tajlandska soja u šalicama kupusa 217
100. Tajlandski pečeni slatki krumpir i ube 219

ZAKLJUČAK 221

UVOD

Dobro došli u "Vodič za osnovnu azijsku ugodnu hranu", vašu putovnicu za 100 okusa koji će zadovoljiti dušu iz srca azijske ugodne kuhinje. Ovaj vodič slavi bogatu, utješnu i raznoliku kulinarsku tradiciju koja definira ugodnu hranu Azije. Pridružite nam se na putovanju koje nadilazi poznato, pozivajući vas da istražite toplinu, nostalgiju i radost koja dolazi sa svakim jelom.

Zamislite kuhinju ispunjenu primamljivim mirisima kuhanih juha, mirisnih začina i cvrčanjem ugodnih prženih krumpirića. "OSNOVNI VODIČ ZA UDOBNU AZIJSKU HRANU" više je od puke zbirke recepata; to je istraživanje sastojaka, tehnika i kulturnih utjecaja koji azijsku ugodnu kuhinju čine tako duboko zadovoljavajućom. Bez obzira vučete li korijene iz Azije ili jednostavno cijenite okuse azijske kuhinje, ovi su recepti osmišljeni kako bi vas nadahnuli da ponovno stvorite dirljive okuse koji donose utjehu duši.

Od klasičnih juha s rezancima do duševnih jela od riže i slatkih poslastica, svaki recept je slavlje utješnih okusa i kulinarskih tehnika koje definiraju azijsku ugodnu hranu. Bilo da tražite utjehu u zdjeli phoa, prepuštate se jednostavnosti congeea ili uživate u slatkoći deserta nadahnutih Azijom, ovaj vodič je vaš izvor za doživljaj cijelog spektra ugodne azijske kuhinje.

Pridružite nam se dok zaranjamo u srce azijske ugodne hrane, gdje je svaka kreacija dokaz topline i nostalgije koje ovi okusi koji zadovoljavaju dušu donose na stol. Dakle, navucite svoju pregaču, prihvatite ugodne arome i krenimo na okusno putovanje kroz "Vodič za osnovnu azijsku udobnu hranu".

KOREJSKA UDOBNA HRANA

1.Hotteok s povrćem i rezancima

SASTOJCI:
ZA TIJESTO
- 2 žličice suhog kvasca
- 1 šalica tople vode
- ½ žličice soli
- 2 šalice višenamjenskog brašna
- 2 žlice šećera
- 1 žlica biljnog ulja

ZA NADJEV
- 1 žlica šećera
- 3 unce škrobnih rezanaca od slatkog krumpira
- ¼ žličice mljevenog crnog papra
- 2 žlice soja umaka
- 3 unce azijskog vlasca, sitno narezanog
- 1 srednji luk, sitno narezan
- 1 žličica sezamovog ulja
- 3 unce mrkve, sitno narezane na kockice
- Ulje za kuhanje

UPUTE:
a) Da biste napravili tijesto, pomiješajte šećer, kvasac i toplu vodu u zdjeli, miješajte dok se kvasac ne rastopi, sada pomiješajte 1 žlicu biljnog ulja i sol, dobro promiješajte.
b) Umiješajte brašno i zamijesite tijesto, kad postane glatko, ostavite 1 ¼ sata da se diže, izbacite sav zrak dok se diže, pokrijte i stavite na stranu.
c) U međuvremenu zakuhajte lonac vode i skuhajte rezance, povremeno promiješajte, kuhajte 6 minuta poklopljeno.
d) Osvježite pod hladnom vodom kada postanu mekani, a zatim ocijedite.
e) Izrežite ih škarama na komade od ¼ inča.
f) Dodajte 1 žlicu ulja u veliku tavu ili wok i pržite rezance 1 minutu, dodajte šećer, sojin umak i crni papar uz miješanje.
g) Dodajte vlasac, mrkvu i luk i dobro promiješajte.
h) Maknite s vatre kad je gotovo.

i) Zatim stavite 1 žlicu ulja u drugu tavu i zagrijte, kad se zagrije, smanjite vatru na srednju.
j) Namažite ruku uljem, uzmite ½ šalice tijesta i utisnite u ravni okrugli oblik.
k) Sada dodajte malo nadjeva i savijte rubove u kuglu, zalijepite rubove.
l) Stavite u tavu sa zatvorenim krajem prema dolje, kuhajte 30 sekundi, zatim ga okrenite i stisnite tako da postane okrugao oko 4 inča, učinite to pomoću lopatice.
m) Kuhajte još 2-3 minute, dok ne postane hrskavo i posvuda zlatno.
n) Stavite na kuhinjski papir da uklonite višak masnoće i ponovite s ostatkom tijesta.
o) Poslužite vruće.

2.Kruh s jajima

SASTOJCI:
- 3 žlice šećera
- 1 žličica praška za pecivo
- 1 žlica neslanog maslaca, otopljenog
- ½ šalice višenamjenskog brašna
- Prstohvat soli
- ½ žličice ekstrakta vanilije
- 4 jaja
- 1 štapić mozzarelle sira, izrezan na 6 komada
- ½ šalice mlijeka
- 1 žličica ulja za kuhanje

UPUTE:

a) Pomiješajte sol, brašno, šećer, maslac, vaniliju, 1 jaje, prašak za pecivo i mlijeko, miješajte dok ne postane glatko

b) Zagrijte štednjak na 400°F i namastite 3 mala kalupa za kruh uljem, kalupi bi trebali biti veličine oko 4×2×1 ½ inča.

c) Ulijte tijesto u kalupe ravnomjerno, punite ih do polovice.

d) Stavite 2 komada sira u smjesu s vanjske strane tako da sredina bude čista.

e) Zatim razbijte 1 jaje u sredinu svake posude.

f) Pecite u pećnici koristeći srednju rešetku 13-15 minuta, ovisno o tome kako volite kuhati jaje.

g) Uzmite kad ste spremni i poslužite vruće.

3.Vruća i začinjena torta od riže

SASTOJCI:
- 4 šalice vode
- 6×8 inča sušene alge
- Kolač od riže u obliku cilindra od 1 funte
- 7 većih očišćenih inćuna
- ⅓ šalice korejsko-američke paste od ljutih papričica
- 3 mladog luka, izrezana na 3 inča duljine
- 1 žlica šećera
- ½ funte ribljih kolača
- 1 žlica ljute papričice
- 2 tvrdo kuhana jaja

UPUTE:
a) Kelp i inćune stavite u plitku posudu s vodom i zagrijte, kuhajte 15 minuta bez poklopca.
b) U maloj posudi pomiješajte papričice i pastu sa šećerom.
c) Izvadite alge i inćune iz tave i stavite rižin kolač, mješavinu paprike, mladi luk, jaja i riblje kolače.
d) Temeljac bi trebao biti oko 2 ½ šalice.
e) Kad počne kuhati, lagano promiješajte i ostavite da se zgusne 14 minuta, sada bi trebalo izgledati sjajno.
f) Dodajte još malo vode ako kolač od riže nije mekan i kuhajte još malo.
g) Kada je spreman isključite vatru i poslužite.

4. Korejsko-američke palačinke s plodovima mora

SASTOJCI:
ZA PALAČINKE
- 2 srednja jaja
- 2 šalice mješavine za palačinke, korejsko-američke
- ½ žličice soli
- 1 ½ šalice vode
- 2 unce školjki
- 12 srednjih korijena mladog luka, izrezati
- 2 unce lignje
- ¾ šalice biljnog ulja
- 2 unce škampa, očišćenih i očišćenih
- 4 srednje velike čili papričice, narezane pod kutom

ZA UMAK
- 1 žlica octa
- 1 žlica soja umaka
- 4 srednje velike čili papričice, narezane pod kutom
- ¼ žličice češnjaka
- 1 žlica vode

UPUTE:
a) Dodajte malo soli u posudu s vodom i operite i ocijedite plodove mora, stavite sa strane.
b) Zatim pomiješajte u zasebnoj posudi, vodu, crveni i zeleni čili, sojin umak, češnjak i ocat, stavite na jednu stranu.
c) U drugoj zdjeli umutite jaja, smjesu za palačinke, hladnu vodu i sol dok smjesa ne postane kremasta.
d) Staviti na tavu malo namastiti i zagrijati.
e) Upotrijebite mjeru od ½ šalice i izlijte smjesu u vruću tavu.
f) Zavrtite okolo kako biste izravnali smjesu, sada stavite 6 komada mladog luka na vrh, dodajte čili i plodove mora.
g) Lagano utisnite hranu u palačinku, a zatim preko vrha dodajte još ½ šalice smjese.
h) Kuhajte dok temeljac ne porumeni, oko 5 minuta.
i) Sada lagano preokrenite palačinku, dodajte malo ulja oko ruba i pecite još 5 minuta.
j) Kada je gotovo, okrenite ga i izvadite iz tave.
k) Učinite isto s preostalim tijestom.

5. Veganski bulgolgi sendvič

SASTOJCI:
- ½ srednjeg luka, narezanog na ploške
- 4 mala peciva za hamburger
- 4 lista crvene salate
- 2 šalice sojinih kovrča
- 4 kriške veganskog sira
- Organska majoneza

ZA MARINADU
- 1 žlica sezamovog ulja
- 2 žlice soja umaka
- 1 žličica sjemenki sezama
- 2 žlice agde ili šećera
- ½ žličice mljevenog crnog papra
- 2 mladog luka, nasjeckanog
- ½ azijske kruške, po želji narezane na kockice
- ½ žlice bijelog vina
- 1-2 zelene korejsko-američke čili papričice, narezane na kockice
- 2 češnja češnjaka, zgnječena

UPUTE:

a) Napravite kovrče od soje prema uputama na pakiranju.
b) Zatim stavite sve sastojke za marinadu zajedno u veliku zdjelu i pomiješajte da dobijete umak.
c) Laganim stiskanjem uklonite vodu iz sojinih kovrča.
d) U mješavinu marinade dodajte kovrče s narezanim lukom i sve premažite.
e) Dodajte 1 žlicu ulja u vruću tavu, zatim dodajte cijelu smjesu i pržite 5 minuta, dok luk i kovrče ne postanu zlatni, a umak se zgusne.
f) U međuvremenu tostirajte peciva za hamburger sa sirom na kruhu.
g) Premažite majonezom, zatim smjesom za kovrče i završite listom zelene salate na vrhu.

6.Korejski kolač od slanine i jaja

SASTOJCI:
ZA KRUHOM
- ½ šalice mlijeka
- ¾ šalice samodizajućeg brašna ili višestrukog brašna s ¼ žličice praška za pecivo
- 4 žličice šećera
- 1 jaje
- 1 žličica maslaca ili maslinovog ulja
- ¼ žličice soli
- ¼ žličice esencije vanilije

ZA NADJEV
- 1 kriška slanine
- Posolite po ukusu
- 6 jaja

UPUTE:
a) Zagrijte štednjak na 375°F.
b) Pomiješajte u zdjeli, ¼ žličice soli, brašno i 4 žličice šećera.
c) Razbijte jaje u smjesu i dobro sjedinite.
d) Polako malo po malo ulijevajte mlijeko dok ne postane gusto.
e) Namastite kalup za pečenje, zatim stavite mješavinu brašna preko kalupa oblikujući ga u 6 ovala ili možete koristiti papirnate čaše za kolače.
f) Ako oblikujete, napravite male udubine u svakoj i razbijte jaje u svaku rupicu ili na vrh svake čaše za torte.
g) Nasjeckajte slaninu i posipajte svaku, ako imate pri ruci dodajte i malo peršina.
h) Kuhajte 12-15 minuta.
i) Izvadite i uživajte.

7.Korejski curry riža

SASTOJCI:
- 1 srednja mrkva, oguljena i narezana na kockice
- 7 unci govedine, narezane na kockice
- 2 glavice luka nasjeckane
- 2 krumpira oguljena i narezana na kockice
- ½ žličice češnjaka u prahu
- Začini po ukusu
- 1 srednja tikvica, narezana na kockice
- Biljno ulje za kuhanje
- Mješavina curry umaka od 4 unce

UPUTE:
a) U wok ili dublju tavu stavite malo ulja i zagrijte.
b) Začinite govedinu i stavite ulje, miješajući i kuhajte 2 minute.
c) Zatim dodajte luk, krumpir, češnjak u prahu i mrkvu, pržite još 5 minuta, zatim dodajte tikvice.
d) Ulijte 3 šalice vode i zagrijavajte dok ne zavrije.
e) Smanjite vatru i kuhajte na laganoj vatri 15 minuta.
f) Polako dodajte curry smjesu dok ne postane gusta.
g) Prelijte rižu i uživajte.

8.Rolada od zebra jaja

SASTOJCI:
- ¼ žličice soli
- 3 jaja
- Ulje za kuhanje
- 1 žlica mlijeka
- 1 list morske trave

UPUTE:
a) Razlomite list morske trave na komade.
b) Sada razbijte jaja u zdjelu i dodajte sol s mlijekom, umutite.
c) Na štednjak stavite tavu i zagrijte je s malo ulja, bolje ako imate tavu koja se ne lijepi.
d) Ulijte dovoljno jaja da pokrije dno tave, a zatim pospite morskom travom.
e) Kad je jaje napola kuhano, zarolajte ga i gurnite na stranu tave.
f) Zatim podmažite ako je potrebno i prilagodite toplinu ako je prevruće, stavite još jedan tanki sloj jaja i ponovno ga pospite sjemenkama, sada prvo zarolajte preko one koja se kuha i stavite na drugu stranu tave.
g) Ponavljajte ovo dok jaje ne bude gotovo.
h) Preokrenite na dasku i narežite.

9. Korejski kolači od oraha na štednjaku

SASTOJCI:
- 1 konzerva azuki crvenog graha
- 1 šalica smjese za palačinke ili smjese za vafle
- 1 žličica ekstrakta vanilije
- 1 žlica šećera
- 1 pakiranje oraha

UPUTE:
a) Napravite smjesu za palačinke prema uputama na pakiranju s dodatnim šećerom.
b) Nakon što je smjesa gotova, stavite je u posudu s izljevom.
c) Koristite 2 kalupa za kolače, ako nemate, možete koristiti kalupe za muffine, zagrijte ih na štednjaku na niskoj razini, zagorjet će na visokoj.
d) Smjesu dodajte u prvi lim, ali napunite samo do pola.
e) Brzo dodajte 1 orah i 1 žličicu crvenog graha u svaki ostatak smjese stavite u drugi lim.
f) Zatim preokrenite prvi lim preko drugog, poredajte kalupe, kuhajte još 30 sekundi, kada je drugi lim kuhan, uklonite vatru.
g) Sada skinite gornji kalup, a zatim izvadite kolače na tanjur za posluživanje.

10.Street Toast sendvič

SASTOJCI:
- ⅔ šalice kupusa, narezanog na tanke trakice
- 4 kriške bijelog kruha
- 1 žlica slanog maslaca
- ⅛ šalice mrkve, narezane na tanke trakice
- 2 jaja
- ¼ žličice šećera
- ½ šalice krastavca, narezanog na tanke ploške
- Kečap po ukusu
- 1 žlica ulja za kuhanje
- Majoneza po ukusu
- ⅛ žličice soli

UPUTE:
a) U velikoj zdjeli razbijte jaja sa soli, zatim dodajte mrkvu i kupus, pomiješajte.
b) Stavite ulje u duboku tavu i zagrijte ga.
c) Dodajte pola smjese u tavu i napravite 2 oblika štruce, držeći ih odvojene.
d) Sada dodajte preostalu smjesu jaja preko vrha 2 u tavi, tako ćete dobiti dobar oblik.
e) Kuhajte 2 minute pa preokrenite i kuhajte još 2 minute.
f) Otopite polovicu maslaca u zasebnoj tavi, kada je vruće stavite dvije kriške kruha i preokrenite tako da obje strane upiju maslac, nastavite kuhati dok ne postane zlatne boje s obje strane, oko 3 minute.
g) Ponovite s druge 2 kriške.
h) Nakon kuhanja stavite na tanjure za posluživanje i dodajte ½ šećera u svaki.
i) Uzmite smjesu pečenih jaja i stavite na kruh.
j) Dodajte krastavac i stavite kečap i majonezu.
k) Stavite drugu krišku kruha preko vrha i prerežite je na dva dijela.

11. Povrće prženo u dubokom ulju

SASTOJCI:
- 1 svježi crveni čili, prerezan na pola od vrha prema dolje
- 1 velika mrkva oguljena i narezana na ⅛ štapiće
- 2 vezice enoki gljiva, odvojene
- 1 tikvica, izrezana na ⅛ štapiće
- 4 mladog luka, izrezana na 2 inča duljine
- 6 češnja češnjaka, tanko narezanih
- 1 srednji slatki krumpir, narezan na ploške
- 1 srednji krumpir, narezan na ploške
- Biljno ulje za prženje

ZA TIJESTO
- ¼ šalice kukuruznog škroba
- 1 šalica višenamjenskog brašna
- 1 jaje
- ¼ šalice rižinog brašna
- 1 ½ šalice ledeno hladne vode
- ½ žličice soli

ZA UMAK
- 1 češanj češnjaka
- ½ šalice soja umaka
- 1 mladi luk
- ½ žličice rižinog octa
- ¼ žličice sezamovog ulja
- 1 žličica smeđeg šećera

UPUTE:
a) Stavite lonac s vodom da prokuha.
b) Mrkvu, te obje vrste krumpira stavite u vodu, maknite s vatre i ostavite 4 minute, zatim izvadite iz vode, isperite, ocijedite i osušite kuhinjskim papirom.
c) Pomiješajte mladi luk, tikvice, češnjak i crvenu papriku u zdjelu i dobro promiješajte.
d) Za mješavinu tijesta, svi suhi sastojci .
e) Sada istucite vodu i jaja, zatim dodajte suhim sastojcima i dobro izmiješajte u tijesto.
f) Zatim napravite umak miješajući šećer, ocat, soju i sezamovo ulje.

g) Mladi luk i češnjak nasjeckajte na sitno, a zatim umiješajte u mješavinu soje.
h) Dodajte dovoljno ulja u wok ili duboku tavu, ulje bi trebalo biti duboko oko 3 inča.
i) Kad se ulje zagrije, provucite povrće kroz tijesto, ostavite da višak opadne i pržite 4 minute.
j) Ocijedite i osušite na kuhinjskom papiru kada je gotovo.
k) Poslužite s umakom.

TAJVANSKA UDOBNA HRANA

12. Tajvanska riblja tempura

SASTOJCI:
- 1 funta filea bijele ribe, narezati na komade veličine zalogaja
- 1 šalica višenamjenskog brašna
- ¼ šalice kukuruznog škroba
- ½ žličice praška za pecivo
- 1 žličica soli
- 1 šalica ledeno hladne vode
- Biljno ulje za prženje
- kriške limuna (za posluživanje)

UPUTE:
a) U zdjeli za miješanje pomiješajte višenamjensko brašno, kukuruzni škrob, prašak za pecivo i sol.
b) Postupno dodajte ledeno hladnu vodu u smjesu brašna, miješajući dok tijesto ne postane glatko i bez grudica.
c) Zagrijte biljno ulje u fritezi ili velikom loncu na oko 350°F (175°C).
d) Umočite komade ribe u tijesto, pazeći da su dobro obloženi.
e) U zagrijano ulje pažljivo stavite istučenu ribu i pecite dok ne porumeni i postane hrskava.
f) Ribu izvadite iz ulja i ocijedite na papirnatim ubrusima.
g) Poslužite tajvansku riblju tempuru toplu, popraćenu kriškama limuna za cijeđenje preko ribe.

13.Tamsui riblje kuglice

SASTOJCI:
- 1 funta fileta bijele ribe (kao što je bakalar ili list)
- ¼ šalice škroba tapioke ili kukuruznog škroba
- 2 žlice riblje paste
- 1 žlica mljevenog češnjaka
- 1 žlica soja umaka
- 1 žličica sezamovog ulja
- ½ žličice bijelog papra
- ¼ žličice soli
- 4 šalice pileće juhe ili vode

UPUTE:
a) U procesoru hrane izmiksajte riblje filete dok se ne samelju.
b) U zdjeli za miješanje pomiješajte mljevenu ribu, škrob tapioke ili kukuruzni škrob, riblju pastu, mljeveni češnjak, sojin umak, sezamovo ulje, bijeli papar i sol. Dobro izmiješajte da nastane glatka smjesa.
c) Namočite ruke vodom i oblikujte riblju smjesu u male loptice.
d) Zakuhajte pileću juhu ili vodu u loncu.
e) Riblje okruglice ubacite u kipuću juhu i kuhajte dok ne isplivaju na površinu, što znači da su kuhane.
f) Izvadite riblje okruglice iz juhe šupljikavom žlicom i poslužite ih u zdjelici s umakom po želji.

14.Smrdljivi tofu

SASTOJCI:
- 1 blok čvrstog tofua
- 2 žlice kineskog fermentiranog crnog graha
- 2 češnja češnjaka, mljevena
- 1 žlica soja umaka
- 1 žlica rižinog octa
- 1 žlica čili umaka (po želji)
- Biljno ulje za prženje
- Kiseli kupus ili kimchi (po želji)

UPUTE:
a) Tofu narežite na kockice veličine zalogaja.
b) U manjoj posudi vilicom zgnječite fermentirani crni grah.
c) U dubljoj tavi ili woku zagrijte biljno ulje za prženje.
d) Kockice tofua pržite na vrućem ulju dok izvana ne porumene i postanu hrskave. Izvadite i ocijedite na tanjuru obloženom papirnatim ručnikom.
e) U zasebnoj tavi zagrijte malo biljnog ulja i pirjajte nasjeckani češnjak dok ne zamiriše.
f) U tavu dodajte zgnječeni fermentirani crni grah, sojin umak, rižin ocat i čili umak (ako ga koristite). Kuhajte minutu-dvije da se okusi sjedine.
g) Pržene kockice tofua stavite u posudu za posluživanje i prelijte ih umakom od crnog graha.
h) Smrdljivi tofu poslužite vruć, po želji uz ukiseljeni kupus ili kimchi.

15.Tajvanske mesne okruglice

SASTOJCI:
ZA NADJEV:
- 1 funta mljevene svinjetine
- ½ funte škampa, oguljenih i nasjeckanih
- ½ šalice mladica bambusa, sitno nasjeckanih
- ¼ šalice suhih shiitake gljiva, namočenih i sitno nasjeckanih
- 2 žlice soja umaka
- 2 žlice umaka od kamenica
- 1 žlica šećera
- 1 žlica kukuruznog škroba
- 1 žličica sezamovog ulja
- Posolite i popaprite po ukusu

ZA OMOT:
- 2 šalice ljepljivog rižinog brašna
- 1 šalica vode
- ½ žličice soli

ZA UMAK:
- ¼ šalice soja umaka
- ¼ šalice rižinog octa
- 1 žlica šećera
- 1 žlica kukuruznog škroba
- ½ šalice vode

UPUTE:
a) U zdjelu za miješanje pomiješajte sve sastojke za nadjev i dobro izmiješajte.
b) U zasebnoj zdjeli pomiješajte brašno od ljepljive riže, vodu i sol da napravite tijesto za omot. Mijesiti dok ne postane glatko.
c) Uzmite mali dio tijesta i poravnajte ga u dlanu. U sredinu stavite žlicu nadjeva i skupite rubove kako biste ga zatvorili, oblikujući kuglicu.
d) Ponoviti postupak sa preostalim tijestom i nadjevom.
e) Kuhajte polpete na pari oko 25-30 minuta dok se ne ispeku.
f) Dok se ćufte kuhaju na pari pripremite umak. U loncu pomiješajte sojin umak, rižin ocat, šećer, kukuruzni škrob i vodu. Dobro promiješajte i kuhajte na srednjoj vatri dok se umak ne zgusne.
g) Kad su mesne okruglice pečene, izvadite ih iz kuhala na pari i poslužite vruće s umakom.

16.Tajvanske gljive kokice

SASTOJCI:
- 1 kg svježih gljiva, očišćenih i prepolovljenih
- ½ šalice višenamjenskog brašna
- ½ šalice kukuruznog škroba
- 1 žličica praška za pecivo
- ½ žličice soli
- ¼ žličice crnog papra
- 1 šalica hladne vode
- Biljno ulje za prženje
- Sol za posipanje (po želji)

UPUTE:
a) U zdjeli pomiješajte višenamjensko brašno, kukuruzni škrob, prašak za pecivo, sol i crni papar.
b) Postupno dodajte hladnu vodu u smjesu brašna, miješajući dok ne postane glatko tijesto.
c) U dubljoj tavi ili woku zagrijte biljno ulje za prženje.
d) Prepolovljene gljive umočite u tijesto tako da ih ravnomjerno premažete.
e) Na zagrijano ulje oprezno stavljajte izmiksane šampinjone i pržite dok ne porumene i postanu hrskavi.
f) Šampinjone izvadite iz ulja šupljikavom žlicom ili hvataljkama i ocijedite na tanjuru obloženom papirnatim ručnikom.
g) Još vruće pospite solju (po želji).
h) Poslužite tajvanske gljive kokice kao ukusnu uličnu užinu.

17. Tajvanska piletina kokice

SASTOJCI:
- 1 funta pilećih bataka bez kostiju, narezanih na komade veličine zalogaja
- 2 žlice soja umaka
- 1 žlica Shaoxing vina (po želji)
- 1 žlica pet začina u prahu
- 1 žlica češnjaka u prahu
- 1 žlica luka u prahu
- 1 žličica paprike
- ½ žličice bijelog papra
- ½ žličice soli
- 1 šalica krumpirovog ili kukuruznog škroba
- Biljno ulje za prženje

UPUTE:
a) U zdjeli marinirajte komade piletine sa sojinim umakom, vinom Shaoxing (ako koristite), pet začina u prahu, češnjakom u prahu, lukom u prahu, paprikom, bijelim paprom i soli. Dobro promiješajte i ostavite da se marinira najmanje 30 minuta.
b) Zagrijte biljno ulje u dubokoj tavi ili loncu za prženje.
c) Premažite marinirane komade piletine krumpirovim ili kukuruznim škrobom, otresite višak.
d) Premazane komade piletine pažljivo ubacite u vruće ulje i pržite dok ne porumene i postanu hrskavi.
e) Piletinu izvadite iz ulja šupljikavom žlicom i ocijedite na tanjuru obloženom papirnatim ručnikom.
f) Poslužite Yan Su Ji / Kiâm-So·-Ke vruć kao popularnu tajvansku uličnu hranu.

18. Taro kuglice

SASTOJCI:
- 2 šalice taroa, oguljenog i narezanog na kockice
- ½ šalice ljepljivog rižinog brašna
- ¼ šalice šećera
- Voda (po potrebi)
- Škrob tapioke ili krumpirov škrob (za posipanje)

UPUTE:
a) Taro kocke kuhajte na pari dok ne omekšaju i lako se izgnječe vilicom.
b) Zgnječite taro kuhan na pari dok ne postane glatko.
c) U zdjeli za miješanje pomiješajte zgnječeni taro, ljepljivo rižino brašno i šećer. Dobro promiješajte.
d) Dodajte vodu postupno, malo po malo, i mijesite smjesu dok ne dobijete mekano tijesto. Konzistencija bi trebala biti slična tijestu za igranje.
e) Odvajajte male komadiće tijesta i razvaljajte ih u male loptice.
f) Zakuhajte lonac vode.
g) Lagano ubacite taro kuglice u kipuću vodu i kuhajte dok ne isplivaju na površinu.
h) Kuhane taro kuglice izvadite iz vode i premjestite u zdjelu s hladnom vodom da se ohlade i stisnu.
i) Ocijedite taro kuglice i pospite ih škrobom tapioke ili krumpirovim škrobom da se ne zalijepe.
j) Poslužite taro kuglice kao preljev za deserte, poput naribanog leda ili slatkih juha.

19. Pržene gljive

SASTOJCI:
- 1 funta svježih gljiva, očišćenih i narezanih
- ½ šalice višenamjenskog brašna
- ½ šalice kukuruznog škroba
- 1 žličica praška za pecivo
- ½ žličice soli
- ¼ žličice crnog papra
- 1 šalica hladne vode
- Biljno ulje za prženje
- Sol za posipanje (po želji)

UPUTE:
a) U zdjeli pomiješajte višenamjensko brašno, kukuruzni škrob, prašak za pecivo, sol i crni papar.
b) Postupno dodajte hladnu vodu u smjesu brašna, miješajući dok ne postane glatko tijesto.
c) U dubljoj tavi ili woku zagrijte biljno ulje za prženje.
d) Narezane gljive umočite u tijesto, ravnomjerno ih rasporedite.
e) Na zagrijano ulje oprezno stavljajte izmiksane šampinjone i pržite dok ne porumene i postanu hrskavi.
f) Pržene gljive šupljikavom žlicom ili hvataljkama izvadite iz ulja i ocijedite na tanjuru obloženom papirnatim ručnikom.
g) Još vruće pospite solju (po želji).
h) Pržene šampinjone poslužite kao ukusan ulični zalogaj.

20. Lignje na žaru

SASTOJCI:
- 2 lignje srednje veličine, očišćene i očišćene
- 2 žlice soja umaka
- 2 žlice umaka od kamenica
- 2 žlice meda
- 1 žlica sezamovog ulja
- 1 žlica mljevenog češnjaka
- 1 žličica čilija u prahu (po želji)
- Posolite i popaprite po ukusu
- Drveni ražnjići

UPUTE:
a) Zagrijte roštilj ili grill tavu na srednje jakoj vatri.
b) Zarežite lignje križanim uzorkom s obje strane.
c) U zdjeli pomiješajte sojin umak, umak od kamenica, med, sezamovo ulje, mljeveni češnjak, čili u prahu (ako koristite), sol i papar kako biste napravili marinadu.
d) Premažite lignje marinadom, pazite da budu dobro premazane.
e) Lignje nanizati na drvene ražnjiće, probušiti ih kroz tijelo i pipke.
f) Pecite lignje na roštilju oko 3-4 minute sa svake strane dok ne budu pečene i dok ne dobiju tragove pečenja.
g) Skinite lignje s roštilja i ostavite ih nekoliko minuta prije posluživanja.
h) Lignje na žaru narežite na manje komade i poslužite vruće.

21. Tajvanska mljevena svinjetina i kiseli krastavci

SASTOJCI:
- 1 funta (450 g) mljevene svinjetine
- 1 šalica kiselih krastavaca, tanko narezanih
- 2 žlice soja umaka
- 1 žlica hoisin umaka
- 1 žlica rižinog octa
- 1 žlica sezamovog ulja
- 2 češnja češnjaka, mljevena
- 1 žličica đumbira, mljevenog
- ½ žličice šećera
- ¼ žličice crnog papra
- Biljno ulje za kuhanje
- Zeleni luk, nasjeckani (za ukras)

UPUTE:
a) U maloj zdjeli pomiješajte sojin umak, hoisin umak, rižin ocat, sezamovo ulje, mljeveni češnjak, mljeveni đumbir, šećer i crni papar. Staviti na stranu.
b) Zagrijte biljno ulje u velikoj tavi ili woku na srednje jakoj vatri.
c) Dodajte mljevenu svinjetinu u tavu i kuhajte dok ne porumeni i kuha se.
d) U tavu dodajte narezane kisele krastavce i pržite ih oko 2 minute uz miješanje.
e) Mješavinu umaka prelijte preko svinjetine i krastavaca. Dobro promiješajte da se sjedini.
f) Kuhajte još 2-3 minute dok se okusi dobro ne prožmu.
g) Ukrasite nasjeckanim zelenim lukom.
h) Poslužite tajvansku mljevenu svinjetinu i ukiseljene krastavce vruće s kuhanom rižom.

22.Tajvanska pirjana svinjska riža

SASTOJCI:
- 1 funta svinjske potrbušine, tanko narezane
- ¼ šalice soja umaka
- ¼ šalice tamnog soja umaka
- ¼ šalice rižinog vina
- 2 žlice šećera
- 2 češnja češnjaka, mljevena
- 2 zvjezdice anisa
- 1 štapić cimeta
- 1 šalica vode
- 4 šalice kuhane riže s jasminom
- Tvrdo kuhana jaja (po želji)
- Ukiseljena gorušica (po želji)
- Sjeckani zeleni luk (za ukras)

UPUTE:
a) U tavi zapecite ploške svinjske potrbušine dok ne postanu hrskave izvana. Izvadite i ostavite sa strane.
b) U istu tavu dodajte nasjeckani češnjak i pirjajte dok ne zamiriše.
c) U tavu dodajte sojin umak, tamni sojin umak, rižino vino, šećer, zvjezdasti anis, štapić cimeta i vodu. Promiješajte da se sjedini.
d) Vratite zapečene ploške svinjske potrbušine u tavu i zakuhajte smjesu.
e) Pokrijte tavu i pustite da se svinjetina krčka u umaku oko 1-2 sata, dok ne omekša i dok se umak ne zgusne.
f) Za posluživanje stavite mjericu kuhane riže od jasmina u zdjelu ili tanjur.
g) Na vrh riže stavite pirjane ploške svinjske potrbušine i žlicom prelijte malo umaka.
h) Ukrasite nasjeckanim zelenim lukom.
i) Poslužite Lu Rou Fan vruć, a možete dodati i tvrdo kuhana jaja i ukiseljeno zelenje senfa kao dodatne nadjeve.

23. Tajvanski pileći gulaš sa sezamovim uljem

SASTOJCI:
- 2 kilograma komada piletine (s kostima i kožom)
- 3 žlice sezamovog ulja
- 3 žlice soja umaka
- 3 žlice rižinog vina
- 1 žlica šećera
- 3 češnja češnjaka, nasjeckana
- Komad đumbira od 1 inča, narezan na ploške
- 2 šalice pileće juhe
- 1 žlica kukuruznog škroba (po želji, za zgušnjavanje)
- Zeleni luk, nasjeckani (za ukras)

UPUTE:
a) Zagrijte sezamovo ulje u velikom loncu ili pećnici na srednje jakoj vatri.
b) Dodajte nasjeckani češnjak i narezani đumbir. Pržite uz miješanje oko 1 minutu dok ne zamiriše.
c) Dodajte komade piletine u lonac i popržite ih sa svih strana.
d) U maloj posudi pomiješajte sojin umak, rižino vino i šećer. Ovom smjesom prelijte piletinu.
e) Dodajte pileću juhu u lonac, poklopite i kuhajte oko 30-40 minuta dok se piletina ne skuha i ne omekša.
f) Po želji kukuruzni škrob pomiješajte s malo vode da dobijete kašicu i dodajte u varivo da se umak zgusne. Dobro promiješajte da se sjedini.
g) Pileći gulaš sa sezamovim uljem poslužite vruć, ukrašen nasjeckanim zelenim lukom i rižom kuhanom na pari.

24. Tajvanske knedle

SASTOJCI:
- 1 paket omota za knedle
- ½ funte mljevene svinjetine
- ½ šalice Napa kupusa, sitno nasjeckanog
- ¼ šalice mladog luka, sitno nasjeckanog
- 1 žlica đumbira, mljevenog
- 2 žlice soja umaka
- 1 žlica sezamovog ulja
- 1 žličica šećera
- ½ žličice soli
- ¼ žličice crnog papra

UPUTE:
a) U zdjeli za miješanje pomiješajte mljevenu svinjetinu, Napa kupus, zeleni luk, đumbir, sojin umak, sezamovo ulje, šećer, sol i crni papar. Dobro izmiješajte dok se svi sastojci ne ujednače.
b) Uzmite omot od knedli i stavite žlicu svinjskog nadjeva u sredinu.
c) Umočite prst u vodu i navlažite rubove omota.
d) Presavijte omot na pola i pritisnite rubove zajedno da se zatvore, stvarajući oblik polumjeseca.
e) Ponovite postupak s preostalim omotima knedli i nadjevom.
f) Zakuhajte veliki lonac vode. Knedle dodajte u kipuću vodu i kuhajte oko 5-7 minuta dok ne isplivaju na površinu.
g) Ocijedite knedle i poslužite vruće uz soja umak ili vaš omiljeni umak za umakanje.

25.Tri šalice piletine na tajvanski način

SASTOJCI:
- 1 funta (450 g) piletine, izrezane na komade veličine zalogaja
- ¼ šalice sezamovog ulja
- ¼ šalice soja umaka
- ¼ šalice rižinog vina
- 1 žlica šećera
- 5 češnja češnjaka, mljevenog
- Komad đumbira od 1 inča, mljevenog
- 2 žlice svježeg lišća bosiljka

UPUTE:
a) Zagrijte sezamovo ulje u woku ili velikoj tavi na srednje jakoj vatri.
b) Dodajte nasjeckani češnjak i đumbir te uz miješanje pržite oko 1 minutu dok ne zamiriše.
c) Dodajte komade piletine u wok i pecite dok ne porumene sa svih strana.
d) U maloj posudi pomiješajte sojin umak, rižino vino i šećer. Ovom smjesom prelijte piletinu.
e) Smanjite vatru i pustite da se piletina krčka oko 20-25 minuta dok se umak ne zgusne i piletina bude kuhana.
f) Dodajte svježe listove bosiljka i dobro promiješajte da se sjedini.

26.Tajvanski svinjski kotleti

SASTOJCI:
- 4 svinjska kotleta
- 2 žlice soja umaka
- 2 žlice rižinog vina
- 1 žlica šećera
- 2 češnja češnjaka, mljevena
- ½ žličice praha od pet začina
- Posolite i popaprite po ukusu
- Biljno ulje za prženje

UPUTE:
a) U zdjeli pomiješajte soja umak, rižino vino, šećer, mljeveni češnjak, pet začina u prahu, sol i papar. Dobro izmiješajte kako biste napravili marinadu.
b) Svinjske odreske stavite u plitku posudu i prelijte ih marinadom. Provjerite jesu li sve strane svinjskih kotleta premazane. Ostavite ih da se mariniraju najmanje 30 minuta.
c) Zagrijte biljno ulje u tavi ili tavi na srednje jakoj vatri.
d) Marinirane svinjske kotlete pržite oko 3-4 minute sa svake strane dok ne porumene i budu pečeni.
e) Svinjske kotlete izvadite iz tave i stavite na tanjur za posluživanje.
f) Poslužite tajvanske svinjske kotlete vruće s kuhanom rižom ili kao nadjev u sendviču na tajvanski način.

27. Goveđe kocke na žaru

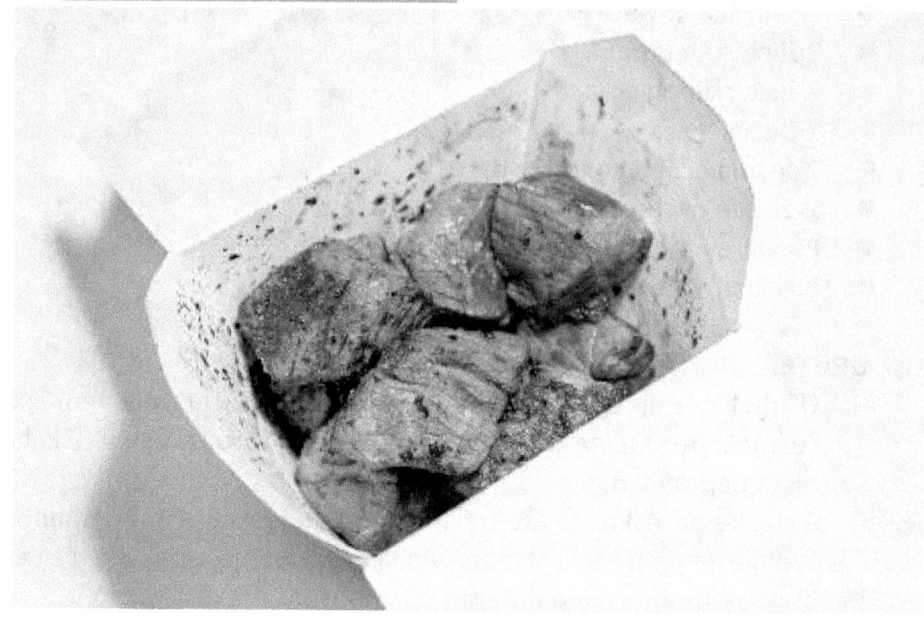

SASTOJCI:
- 1 funta goveđeg filea ili rebra, izrezanog na kocke od 1 inča
- 2 žlice soja umaka
- 2 žlice umaka od kamenica
- 2 žlice meda
- 2 češnja češnjaka, mljevena
- 1 žlica biljnog ulja
- Posolite i popaprite po ukusu
- Ražnjići

UPUTE:
a) U zdjeli pomiješajte sojin umak, umak od kamenica, med, mljeveni češnjak, biljno ulje, sol i papar kako biste napravili marinadu.
b) Dodajte goveđe kocke u marinadu i promiješajte da se ravnomjerno prekrije. Ostavite da se marinira najmanje 30 minuta ili do preko noći u hladnjaku.
c) Zagrijte roštilj ili grill tavu na srednje jakoj vatri.
d) Marinirane goveđe kocke nanizati na ražnjiće.
e) Goveđe ražnjiće pecite na roštilju oko 2-3 minute sa svake strane dok ne budu pečeni do željene spremnosti.
f) Skinite ražnjiće s roštilja i ostavite ih nekoliko minuta prije posluživanja.
g) Goveđe kocke pečene na žaru poslužite vruće kao ukusan ulični obrok.

28. Tajvanska zdjela pirjane svinjske riže

SASTOJCI:
- 1 funta (450 g) svinjske potrbušine, izrezane na komade veličine zalogaja
- 3 žlice soja umaka
- 3 žlice tamnog soja umaka
- 2 žlice šećera
- 2 češnja češnjaka, mljevena
- Komad đumbira od 1 inča, narezan na ploške
- 2 zvjezdice anisa
- 1 štapić cimeta
- 2 šalice vode
- 2 žlice biljnog ulja
- Pirjana riža, za posluživanje
- Zeleni luk, nasjeckani (za ukras)

UPUTE:
a) U zdjeli pomiješajte soja umak, tamni soja umak, šećer, mljeveni češnjak, narezani đumbir, zvjezdasti anis, štapić cimeta i vodu. Dobro izmiješajte da dobijete umak za pirjanje.
b) Zagrijte biljno ulje u velikom loncu ili pećnici na srednje jakoj vatri.
c) Dodajte komade svinjske potrbušine u lonac i popržite ih sa svih strana.
d) Svinjetinu prelijte umakom za pirjanje i pustite da zavrije.
e) Smanjite vatru i pustite da svinjetina krčka, pokrivena, oko 1,5-2 sata dok meso ne omekša i dok se okusi dobro ne prožmu.
f) Svinjetinu tijekom kuhanja povremeno promiješajte i po potrebi dodajte još vode da se ne osuši.
g) Nakon što svinjetina omekša, uklonite poklopac i ostavite da se umak zgusne dodatnih 10-15 minuta na laganoj vatri.
h) Poslužite tajvansku pirjanu svinjetinu preko kuhane riže i ukrasite nasjeckanim zelenim lukom.
i) Uživajte u ovoj aromatičnoj i ugodnoj zdjeli za rižu.

29.Tajvanska ljepljiva rižina kobasica

SASTOJCI:
- 2 šalice ljepljive riže (ljepljiva riža)
- 4 kineske kobasice (lap cheong)
- 2 žlice soja umaka
- 1 žlica umaka od kamenica
- 1 žlica sezamovog ulja
- 2 češnja češnjaka, mljevena
- 1 žlica biljnog ulja
- 2 zelena luka, nasjeckana

UPUTE:
a) Isperite ljepljivu rižu i potopite je u vodu najmanje 4 sata ili preko noći. Ocijedite rižu prije kuhanja.
b) U kuhalu na pari kuhajte ljepljivu rižu oko 20-25 minuta dok ne postane mekana i ljepljiva.
c) Dok se riža kuha na pari skuhajte kineske kobasice. U šerpu dodajte vodu i zakuhajte. Dodajte kobasice i pirjajte 10 minuta. Izvadite ih iz vode i ostavite da se ohlade.
d) Kad se kobasice ohlade, narežite ih dijagonalno na tanke komade.
e) U zasebnoj tavi zagrijte biljno ulje na srednje jakoj vatri. Dodajte nasjeckani češnjak i pirjajte dok ne zamiriše.
f) Dodajte pirjanu ljepljivu rižu u tavu i uz miješanje pržite nekoliko minuta.
g) U tavu dodajte umak od soje, umak od kamenica, sezamovo ulje i nasjeckani mladi luk. Dobro izmiješajte da se riža prekrije.
h) U tavu dodajte narezane kobasice i nastavite pržiti još 2-3 minute dok se sve dobro ne sjedini.
i) Poslužite tajvansku ljepljivu rižinu kobasicu toplu.

30. Jerky od svinjskog mesa na tajvanski način

SASTOJCI:
- 1 funta (450 g) svinjske lopatice, narezane na tanke trakice
- ¼ šalice soja umaka
- 2 žlice tamnog soja umaka
- 2 žlice rižinog vina
- 2 žlice šećera
- 2 češnja češnjaka, mljevena
- 1 čajna žličica praha od pet začina
- ½ žličice crnog papra
- Biljno ulje za prženje

UPUTE:
a) U zdjeli pomiješajte sojin umak, tamni sojin umak, rižino vino, šećer, mljeveni češnjak, pet začina u prahu i crni papar. Dobro izmiješajte kako biste napravili marinadu.

b) Svinjske trakice stavite u plitku posudu i prelijte ih marinadom. Provjerite jesu li sve strane svinjskog mesa premazane. Ostavite ih da se mariniraju najmanje 2 sata, a najbolje preko noći u hladnjaku.

c) Zagrijte pećnicu na 325°F (165°C).

d) Svinjske trakice izvadite iz marinade i osušite ih papirnatim ručnikom.

e) Zagrijte biljno ulje u velikoj tavi ili woku na srednje jakoj vatri.

f) Marinirane svinjske trakice pržite u serijama dok ne postanu hrskave i porumene s obje strane. Izvadite ih iz ulja i ocijedite na papirnatim ubrusima.

g) Pržene svinjske trakice stavite na lim za pečenje i pecite u prethodno zagrijanoj pećnici oko 20-25 minuta kako bi bili potpuno pečeni i hrskavi.

h) Izvadite iz pećnice i pustite da se svinjski džezv potpuno ohladi.

31. Tajvanska rolada s rižom

SASTOJCI:
- 2 šalice kuhane riže kratkog zrna
- 1 funta (450g) proteina po vašem izboru (svinjetina, piletina, govedina, tofu), tanko narezana
- 2 žlice soja umaka
- 1 žlica umaka od kamenica
- 1 žlica sezamovog ulja
- 1 žlica biljnog ulja
- 4 češnja češnjaka, nasjeckana
- 1 šalica narezane zelene salate ili drugog lisnatog povrća
- 1 šalica julienned mrkve
- 1 šalica klica graha
- ½ šalice nasjeckanog mladog luka
- Hoisin umak (za posluživanje)
- Sriracha ili čili umak (za posluživanje)

UPUTE:
a) U zdjeli marinirajte tanko narezane bjelančevine (svinjetina, piletina, govedina, tofu) sa soja umakom, umakom od kamenica i sezamovim uljem. Ostavite sa strane najmanje 15 minuta.
b) Zagrijte biljno ulje u tavi ili woku na srednje jakoj vatri.
c) Dodajte mljeveni češnjak u tavu i miješajući pržite oko 1 minutu dok ne zamiriše.
d) Dodajte marinirane proteine u tavu i kuhajte dok se ne skuhaju i lagano karameliziraju.
e) Izvadite proteine iz tave i ostavite sa strane.
f) U istoj tavi po potrebi dodajte još malo ulja i nekoliko minuta pržite narezanu zelenu salatu, mrkvu narezanu na julien, klice graha i nasjeckani mladi luk nekoliko minuta dok povrće ne bude malo kuhano, ali još uvijek hrskavo.
g) Kuhanu rižu rasporedite po tanjurima za posluživanje.
h) Na rižu stavite dio popprženog povrća i proteina.
i) Čvrsto zarolajte rižu i nadjev koristeći komad plastične folije ili podlogu za sushi.
j) Uklonite plastičnu foliju ili podlogu za sushi i poslužite tajvansku rižu u rolama s hoisin umakom i sriracha ili čili umakom sa strane.

JAPANSKA UDOBNA HRANA

32. Tofu u umaku od crnog papra

SASTOJCI :
- 1 šalica. Kukuruzni škrob
- 1 ½ žličice bijelog papra
- 16oz čvrstog tofua, savršeno ocijeđenog
- 4 žlice biljnog ulja
- 1 žličica košer soli
- 2 mladog luka, sitno narezana
- 3 crvene čili papričice, očišćene od sjemenki i lijepo narezane

UPUTE:
a) Provjerite je li tofu dobro ocijeđen i osušite ga papirnatim ručnikom. Na njega možete pritisnuti tešku dasku za rezanje kako biste izvadili svu tekućinu.
b) Tofu narežite na fine čvrste kockice
c) Pomiješajte kukuruzni škrob s bijelim paprom i soli.
d) Ubacite tofu u mješavinu brašna, pazite da kockice budu dobro pokrivene.
e) Stavite ih u Ziploc vrećicu na 2 minute
f) Ulijte ulje u tavu koja se ne lijepi, kad je vruće ispecite kockice tofua na hrskave kockice
g) Pržite u serijama i
h) Ukrasite narezanom paprikom i mladim lukom

33. Agedashi tofu

SASTOJCI:
- Aromatizirano ulje, tri šalice
- Kukuruzni škrob, četiri žlice
- Soja umak, dvije žlice
- Katsuobishi, prema potrebi
- Tofu, jedan blok
- Mirin, dvije žlice
- Daikon rotkvica po potrebi
- Mladi luk po želji
- Shichimi Togarashi, pregršt
- Dashi, jedna šalica

UPUTE:

a) Zamotajte tofu s tri sloja papirnatih ručnika i na vrh stavite drugi tanjur. Ocijedite vodu iz tofua petnaest minuta.

b) Daikon ogulite i naribajte te lagano ocijedite vodu. Zeleni luk narežite na tanke ploške.

c) Stavite dashi, sojin umak i mirin u malu tavu i zakuhajte.

d) Uklonite tofu s papirnatih ručnika i narežite ga na osam dijelova.

e) Premažite tofu krumpirovim škrobom, ostavite višak brašna i odmah pržite u dubokom ulju dok ne poprime svjetlosmeđu i hrskavu boju.

f) Izvadite tofu i ocijedite višak ulja na tanjuru obloženom papirnatim ručnicima ili rešetku.

g) Za posluživanje stavite tofu u zdjelu za posluživanje i nježno prelijte umakom bez smočenja tofua.

34. Šiso riža sa sezamom

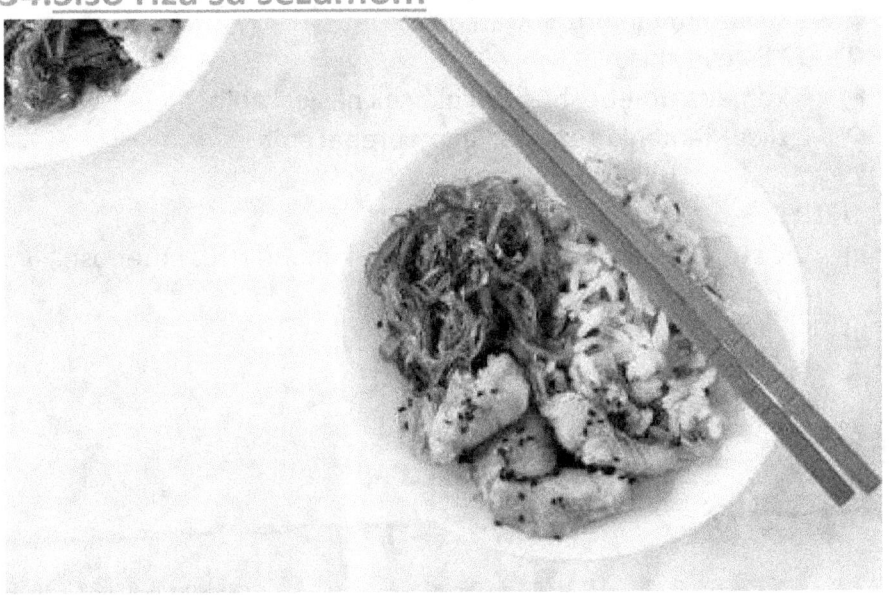

SASTOJCI :
- 2 šalice. kuhana riža (kratko zrno)
- 12 listova shiso
- 6 komada umeboshi, bez koštica i nasjeckanih
- 2 žlice sjemenki sezama, lijepo prepečenih

UPUTE:
a) U čistoj dubokoj zdjeli pomiješajte kuhanu rižu, umeboshi, listove shisoa i sjemenke sezama.
b) Poslužiti

35.Japanska krumpir salata

SASTOJCI :
- 2 funte crvenocrvenog krumpira. Oguljeno, kuhano i pasirano
- 3 krastavca. Sitno narezano
- ¼ žličice morske soli
- 3 žličice rižinog vinskog octa
- 1 žlica japanskog senfa
- 7 žlica japanske majoneze
- 2 mrkve. Narezati na četvrtine i tanko narezati
- 1 lukovica crvenog luka. Sitno narezano

UPUTE:
a) Narezane krastavce stavite u zdjelu, pospite ih malo soli i ostavite da odstoje 12 minuta. Ocijedite višak vode i osušite krastavce na papirnatom ručniku
b) U maloj posudi pomiješajte senf, majonezu i ocat
c) U drugu veliku zdjelu umiješajte pire krumpir, mješavinu majoneze, krastavce i mrkvu. Dobro promiješajte da dobijete jednoličnu smjesu

36.Natto

SASTOJCI:
- Mladi luk, za ukras
- Natto, jedna žlica
- Soja umak, pola žličice
- Saikkyo, jedna i pol žličica
- Tofu, pola bloka
- Miso, dvije žlice
- Wakame sjemenke, šaka
- Dashi, dvije šalice

UPUTE:
a) Zakuhajte dashi u loncu za juhu i u tekućinu stavite žlicu natto-a. Pirjajte dvije minute.
b) Stavite miso paste u lonac i stražnjom stranom žlice otopite paste u dashiju.
c) Dodajte wakame i tofu i pirjajte još 30 sekundi.
d) Ukrasite mladim lukom.
e) Poslužite odmah.

37.Nasu Dengaku

SASTOJCI:
- Japanski patlidžan, tri
- Aromatizirano ulje, jedna žlica
- Sake, dvije žlice
- Šećer, dvije žlice
- Miso, četiri žlice
- Susama, po želji
- Tofu, jedan blok
- Mirin, dvije žlice
- Daikon rotkvica, tri
- Konnyaku, pregršt

UPUTE:
a) Pomiješajte sake, mirin, šećer i miso u loncu.
b) Dobro promiješajte da se sjedini i zatim pustite da lagano kuha na najslabijoj vatri. Stalno miješajte i kuhajte nekoliko minuta.
c) Zamotajte tofu s dva lista papirnatog ručnika i pritisnite tofu između dva tanjura 30 minuta.
d) Stavite tofu i patlidžane na obrubljeni lim za pečenje obložen papirom za pečenje ili silikonskim limom za pečenje. Kistom nanesite biljno ulje na vrh i dno tofua i patlidžana.
e) Pecite na 400 stupnjeva dvadeset minuta, ili dok patlidžan ne omekša.
f) Pažljivo žlicom nanesite malo miso glazure na tofu i patlidžane i ravnomjerno rasporedite. Pecite pet minuta.

38. Tava s ramenskim rezancima i odreskom

SASTOJCI:
- Luk, jedan
- Mrkva, pola šalice
- Mljevena junetina, pola funte
- Canola ulje, jedna žlica
- Kečap, dvije žlice
- Sol i papar, po ukusu
- Kukuruzni škrob, jedna žličica
- Goveđa juha, jedna šalica
- Sake, jedna supena kašika
- Kuhano jaje, jedno
- Worcestershire umak, jedna žlica

UPUTE:
a) U velikoj tavi na srednje jakoj vatri zagrijte ulje.
b) Dodajte odrezak i pržite do željenog kraja, oko pet minuta po strani za srednje, zatim ga prebacite na dasku za rezanje i ostavite da odstoji pet minuta, a zatim ga narežite.
c) U maloj posudi pomiješajte sojin umak, češnjak, sok od limete, med i kajensku papriku dok se ne sjedine i ostavite sa strane.
d) Dodajte luk, papriku i brokulu u tavu i kuhajte dok ne omekša, zatim dodajte mješavinu soja umaka i miješajte dok se potpuno ne prekrije.
e) Dodajte kuhane ramen rezance i odrezak i miješajte dok se ne sjedine.

39.Ramen Carbonara sa sirom

SASTOJCI:
- Dashi, jedna šalica
- Maslinovo ulje, jedna žlica
- Kriške slanine, šest
- Sol, po potrebi
- Mljeveni češnjak, dva
- Peršin po želji
- Parmezan, pola šalice
- Mlijeko, dvije žlice
- Jaja, dva
- Ramen paket, tri

UPUTE:
a) Pomiješajte sve sastojke .
b) Skuhajte rezance prema uputama na pakiranju.
c) Sačuvajte četvrtinu šalice vode od kuhanja da kasnije olabavite umak, ako je potrebno. Ocijedite rezance i prelijte maslinovim uljem da se ne zalijepe.
d) Zagrijte srednju tavu na srednjoj vatri. Kuhajte komade slanine dok ne porumene i postanu hrskave. Dodajte rezance u tavu i pomiješajte sa slaninom dok se rezanci ne prekriju masnoćom od slanine.
e) Vilicom umutite jaja i umiješajte parmezan. Ulijte smjesu jaja i sira u tavu i pomiješajte sa slaninom i rezancima.

40. Četiri-sastojak ramen

SASTOJCI :
- 1 (3 oz.) paket ramen rezanaca, bilo kojeg okusa
- 2 šalice vode
- 2 žlice maslaca
- 1/4 šalice mlijeka

UPUTE:
a) Stavite lonac na srednju vatru i veći dio napunite vodom. Kuhajte dok ne počne ključati.
b) Umiješajte rezance i ostavite da se kuhaju 4 minute. bacite vodu i stavite rezance u prazan lonac.
c) U to umiješajte mlijeko s maslacem i mješavinom začina. Kuhajte ih 3 do 5 minuta na laganoj vatri dok ne postanu kremasti. Poslužite toplo. Uživati.

41. Ramen lazanje

SASTOJCI :
- 2 (3 oz.) paketa ramen rezanaca
- 1 lb mljevene govedine
- 3 jaja
- 2 C. izmrvljeni sir
- 1 žlica mljevenog luka
- 1 C. umak za špagete

UPUTE:
a) Prije nego bilo što učinite, zagrijte pećnicu na 325 F.
b) Stavite veliku tavu na srednje jaku vatru. U njemu kuhajte govedinu s 1 paketom začina i lukom 10 minuta.
c) Prebacite junetinu u podmazan pleh. Umutiti jaja i kuhati ih u istoj tavi dok ne budu gotova.
d) Na vrh govedine stavite 1/2 C. nasjeckanog sira, zatim kuhana jaja i još 1/2 C. sira.
e) Skuhajte ramen rezance prema uputama na pakiranju. Ocijedite ga i prelijte umakom za špagete.
f) Rasporedite smjesu po cijelom sloju sira. Nadjenite ga preostalim sirom. Pecite ga u pećnici 12 minuta. poslužite vaše lazanje tople. Uživati.

42.Ramen vrući svinjski kotlet

SASTOJCI:
- Svinjski kotleti od 1 funte
- 4 žlice kineskog BBQ umaka
- 3 žličice ulja od kikirikija
- 2 šalice zelenog luka, narezanog na ploške
- 2-3 češnja češnjaka nasjeckana
- 1 žličica đumbira, mljevenog
- 5 šalica pilećeg temeljca
- 3 žlice soja umaka
- 3 žlice ribljeg umaka
- 2 pakiranja ramen rezanaca, kuhanih
- 5 komada bok choya, na četvrtine
- 1 crveni čile, narezan na ploške
- 8 jaja
- Ulje za kuhanje

UPUTE:
a) Premažite svinjske kotlete chines BBQ umakom i ostavite ih 15-20 minuta.
b) Zagrijte malo ulja od kikirikija u loncu na srednje jakoj vatri i izdinstajte luk, češnjak i đumbir, kuhajte 2-3 minute.
c) Dodajte temeljac, češnjak, sojin umak, 2 šalice vode, riblje umake, đumbir, crveni čili. Pustite da prokuha i dodajte bok choy. Kuhajte 2-3 minute.
d) Maknite s vatre. Postavite stranu.
e) Zagrijte roštilj na jakoj vatri.
f) Poprskajte svinjske kotlete s malo ulja za kuhanje i stavite ih na vrući roštilj dok ne porumene.
g) Okrenuti i s druge strane 3-4 minute pa ih prebaciti na tanjur.
h) Podijelite ramen u 4 zdjele.
i) Stavite bok choy preko rezanaca i prelijte vrućom juhom.
j) Stavite svinjske kotlete i ukrasite nasjeckanim lukom.
k) Prelijte jajima i listićima korijandera.

43. Miso svinjetina i ramen

SASTOJCI:
- Svinjski kasaci od 2 funte, izrezani u okrugle oblike od 1 inča
- 2 kilograma piletine, bez kostiju, narezane na trakice
- 2 žlice ulja za kuhanje
- 1 glavica luka nasjeckana
- 8-10 režnjeva češnjaka, mljevenog
- Nasjeckana kriška đumbira od 1 inča
- 2 poriluka nasjeckana
- ½ funte mladog luka, odvojeni bijeli i zeleni dio, nasjeckani
- 1 šalica gljiva, narezanih na ploške
- 2 funte svinjske lopatice, nasjeckane
- 1 šalica miso paste
- ¼ šalice shoyu
- ½ žlice mirina
- Sol, po ukusu

UPUTE:
a) Prebacite svinjetinu i piletinu u temeljac i dodajte puno vode dok se ne pokriju. Stavite na plamenik na jaku vatru i zakuhajte. Maknite s vatre kad je gotovo.

b) Zagrijte malo ulja za kuhanje u lijevanom željezu na jakoj vatri i pržite luk, češnjak i đumbir oko 15 minuta ili dok ne porumene. Staviti na stranu.

c) Kuhane kosti prebacite u lonac s povrćem, svinjskom lopaticom, porilukom, bjelanjcima mladog luka, gljivama. Dolijte hladnom vodom. Pustite da kuha na jakoj vatri 20 minuta. Smanjite vatru i pirjajte te poklopite 3 sata.

d) Sada uklonite rame lopaticom. I stavite u posudu i ohladite. Vratite lonac poklopcem i ponovno kuhajte 6 do 8 sati.

e) Procijedite juhu i uklonite krutine. Umutite miso, 3 žlice shoyua i malo soli.

f) Narežite svinjetinu i prelijte je shoyuom i mirinom. Posolite.

g) Nalijte malo juhe na rezance i pospite pregorenim češnjakom, sezamom i čilijem. Stavite svinjetinu u zdjelice.

h) Prelijte jajima i ostalim proizvodima po želji.

44.Pečena piletina Katsu

SASTOJCI:
- Komadi pilećih prsa bez kostiju, jedna funta
- Panko, jedna šalica
- Višenamjensko brašno, pola šalice
- Voda, jedna žlica
- Jaje, jedno
- Sol i papar, po ukusu
- Tonkatsu umak po želji

UPUTE:
a) Pomiješajte panko i ulje u tavi i tostirajte na srednjoj vatri dok ne porumene. Prebacite panko u plitku posudu i ostavite da se ohladi.
b) Pileća prsa izdubite i prepolovite. Posolite i popaprite s obje strane piletine.
c) U plitku posudu dodajte brašno, au drugoj plitkoj posudi umutite jaje i vodu.
d) Svaki komad piletine obložiti brašnom i otresti višak brašna. Umočite u smjesu od jaja, a zatim premažite tostiranim pankom, čvrsto pritiskajući da se zalijepi za piletinu.
e) Stavite komade piletine na pripremljeni lim za pečenje dvadesetak minuta. Poslužite odmah ili prebacite na rešetku kako se dno katsua ne bi namočilo od vlage.

45. Hayashi curry od mljevene govedine

SASTOJCI:
- Luk, jedan
- Mrkva, pola šalice
- Mljevena junetina, pola funte
- Canola ulje, jedna žlica
- Kečap, dvije žlice
- Sol i papar, po ukusu
- Kukuruzni škrob, jedna žličica
- Goveđa juha, jedna šalica
- Sake, jedna žlica
- Kuhano jaje, jedno

UPUTE:
a) Jaje skuhajte i narežite na sitne komade ili izgnječite vilicom. Dobro posolite i popaprite.
b) Zagrijte ulje pa dodajte luk i mrkvu.
c) Mljevenu junetinu pospite kukuruznim škrobom i dodajte povrću. Dodajte četvrtinu šalice goveđe juhe i usitnite mljevenu junetinu uz miješanje.
d) Dodajte goveđu juhu, kečap, sake i Worcestershire umak.
e) Dobro promiješajte i kuhajte desetak minuta ili dok sva tekućina ne ispari. Posolite i popaprite.
f) U posebnoj tavi popržite luk dok ne postane hrskav.

46. Pileći teriyaki

SASTOJCI:
- Sezamovo ulje, jedna žličica
- Brokula, za posluživanje
- Med, jedna žlica
- Kečap, dvije žlice
- Sol i papar, po ukusu
- Kukuruzni škrob, jedna žličica
- Kuhana bijela riža, jedna šalica
- Češnjak i đumbir, jedna žlica
- Kuhano jaje, jedno
- Soja umak, jedna žlica

UPUTE:
a) U srednjoj posudi pomiješajte sojin umak, rižin ocat, ulje, med, češnjak, đumbir i kukuruzni škrob.
b) U velikoj tavi na srednje jakoj vatri zagrijte ulje. Dodajte piletinu u tavu i začinite solju i paprom. Kuhajte dok ne porumene i budu skoro kuhane.
c) Poklopite piletinu i pirjajte dok se umak malo ne zgusne i dok se piletina ne skuha.
d) Ukrasite sjemenkama sezama i zelenim lukom.
e) Poslužite uz rižu s brokulom kuhanom na pari.

47.Japanska zdjela za losos

SASTOJCI:
- Čili umak, jedna žličica
- Soja umak, jedna žličica
- Riža, dvije šalice
- Sezamovo ulje, jedna žlica
- Đumbir, dvije žlice
- Sol i papar, po ukusu
- Sjemenke sezama, jedna žličica
- Ocat, jedna žličica
- Isjeckani nori, po želji
- Losos, pola funte
- Narezani kupus, jedna šalica

UPUTE:
a) Rižu, tri šalice vode i pola žličice soli stavite u veliki lonac i zakuhajte te kuhajte petnaestak minuta ili dok voda ne upije.
b) Stavite ocat, sojin umak, čili umak, sezamovo ulje, sjemenke sezama i đumbir u zdjelu i dobro promiješajte.
c) Dodajte losos i lagano miješajte dok se potpuno ne prekrije.
d) Stavite nasjeckani kupus i sezamovo ulje u zdjelu i miješajte dok se dobro ne sjedine.
e) U svaku zdjelu stavite veliku žlicu riže, dodajte kupus i prelijte majonezom.

48. Piletina u loncu/Mizutaki

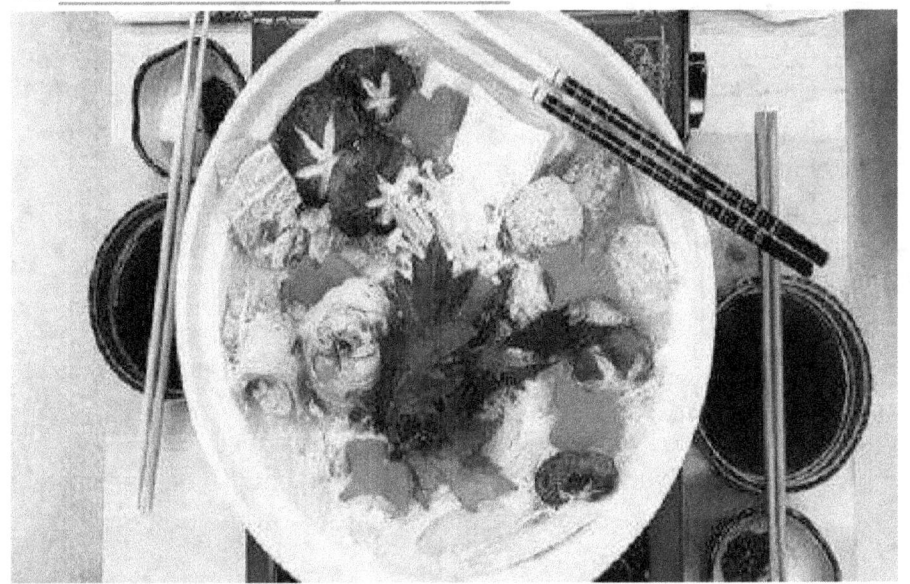

SASTOJCI:
- Negi, jedan
- Mizuna, četiri
- Napa kupus, osam
- Mrkva, pola šalice
- Pileći batak, jedna funta
- Kombu, pola funte
- Sake, jedna žličica
- Đumbir, jedna žličica
- Susama po želji

UPUTE:
a) Pomiješajte sve sastojke .
b) U veliku zdjelu dodajte pet šalica vode i kombu da napravite hladni napitak kombu dashi. Ostavite sa strane dok pripremate piletinu.
c) Napunite srednji lonac vodom i dodajte komade pilećih bataka s kostima i kožom. Uključite vatru na srednje nisku.
d) U hladni napitak kombu dashi dodajte komade pilećih bataka koje ste upravo isprali.
e) Također dodajte sake od komadića piletine i đumbir.
f) Zakuhajte na srednjoj vatri.
g) Smanjite vatru na srednje nisku i kuhajte poklopljeno tridesetak minuta. Za to vrijeme počnite pripremati ostale sastojke . Nakon trideset minuta izvadite i bacite kriške đumbira.

49. Japanski brancin s đumbirom

SASTOJCI:
- 2 žličice miso bijele paste
- 6 oz. komad brancina
- 1 ¼ žličice mirina
- 1 žličica svježeg soka od đumbira
- 1 žličica šećera
- 3 žličice sakea

UPUTE:
a) U čistoj srednjoj zdjeli pomiješajte sve sastojke osim sakea. Dobro izmiješajte i ostavite sa strane.
b) Stavite komad ribe u izmiješani sadržaj, dodajte sake i miješajte dok dobro ne bude pokriven
c) Stavite u zamrzivač na 4 sata
d) Zagrijte roštilj i stavite ribu na rešetku
e) Pecite ga na žaru, bacajte s jedne strane na drugu dok potpuno ne porumeni i bude pečeno.
f) Prebacite bas na pladanj i poslužite

50.Japanski fancy teriyaki

SASTOJCI:
- 2 lb lososa
- 3 žlice nasjeckanog mladog luka
- 2 žlice sjemenki crnog i bijelog sezama
- ½ šalice ekstra djevičanskog maslinovog ulja
- Teriyaki umak
- 4 žlice soja umaka
- 1 šalica mirina
- 2 ½ šalice. Šećer

UPUTE:
a) Napravite teriyaki umak tako da sve sastojke iz njegovog naslova dodate u lonac i kuhate na laganoj vatri dok se ne zgusne. Maknite s vatre i stavite na hlađenje
b) Ulijte malo ulja u neprianjajuću tavu i stavite losos u nju. pokrijte tavu i kuhajte losos na umjerenoj vatri dok ravnomjerno ne porumeni.
c) Posudu stavite u pladanj i pokapajte je teriyaki umakom
d) I ukrasite bijelim sjemenkama sezama i nasjeckanim mladim lukom

INDIJSKA UDOBNA HRANA

51.Pileća tikka zdjela riže

SASTOJCI:
- Jedna šalica komada piletine bez kostiju
- Dvije šalice riže
- Dvije šalice vode
- Dvije žlice crvenog čilija u prahu
- Jedna čajna žličica garam masala praha
- Jedna žlica ulja za kuhanje
- Dvije žlice tikka masale
- Posolite po ukusu
- Crni papar po ukusu
- Dvije žlice korijandera u prahu
- Jedna čajna žličica kumina u prahu
- Jedna žličica protisnutog češnjaka

UPUTE:
a) Uzmite posudu za umak.
b) Dodajte vodu u tavu.
c) Dodajte rižu i dobro kuhajte desetak minuta.
d) Uzmite veliku tepsiju.
e) U tavu dodajte nasjeckani češnjak.
f) Dodajte začine u tavu.
g) Smjesu dobro kuhajte desetak minuta dok se ne zapeku.
h) Dodajte komade piletine u tavu.
i) Sastojke dobro kuhajte petnaestak minuta.
j) Dodajte rižu u zdjelu.
k) Na vrh dodajte mješavinu piletine tikka.
l) Vaše jelo je spremno za posluživanje.

52. Zdjela smeđe riže s karijem

SASTOJCI:
- Pola funte povrća
- Dva luka
- Dvije žlice uljane repice
- Jedna šalica kuhane smeđe riže
- Dvije šalice vode
- Jedna čajna žličica đumbira
- Dvije rajčice
- Četiri češnja češnjaka
- Dva zelena čilija
- Posolite po ukusu
- Jedna čajna žličica crvene curry paprike
- Crni papar po ukusu
- Jedna žličica lišća korijandera
- Pola žličice garam masale
- Jedna čajna žličica sjemenki crne gorušice
- Jedna čajna žličica sjemenki kumina

UPUTE:
a) Uzmite tavu i dodajte ulje u nju.
b) Zagrijte ulje i u njega dodajte luk.
c) Pržite luk dok ne postane svijetlo smeđi.
d) U tavu dodajte sjemenke kumina i sjemenke gorušice.
e) Dobro ih popržite i dodajte sol i papar te zeleni čili.
f) U to dodajte kurkumu, đumbir i režnjeve češnjaka.
g) Dodajte povrće i crvenu curry papriku u tavu.
h) Dobro ih izmiješajte i nastavite kuhati petnaestak minuta.
i) Dodajte smeđu rižu u zdjelu.
j) Na vrh dodajte pripremljenu smjesu.
k) Dodajte listove korijandera i garam masalu za ukrašavanje.
l) Vaše jelo je spremno za posluživanje.

53. Zdjela riže sa sirom

SASTOJCI:
- Pola kilograma miješanog sira
- Dva luka
- Dvije žlice uljane repice
- Jedna šalica kuhane smeđe riže
- Dvije šalice vode
- Jedna čajna žličica đumbira
- Dvije rajčice
- Četiri češnja češnjaka
- Dva zelena čilija
- Posolite po ukusu
- Jedna čajna žličica crvene curry paprike
- Crni papar po ukusu
- Jedna žličica lišća korijandera
- Pola žličice garam masale
- Jedna čajna žličica sjemenki crne gorušice
- Jedna čajna žličica sjemenki kumina

UPUTE:
a) Uzmite tavu i dodajte ulje u nju.
b) Zagrijte ulje i u njega dodajte luk.
c) Pržite luk dok ne postane svijetlo smeđi.
d) U tavu dodajte sjemenke kumina i sjemenke gorušice.
e) Dobro ih popržite i dodajte sol i papar te zeleni čili.
f) U to dodajte kurkumu, đumbir i režnjeve češnjaka.
g) Dodajte sir, rižu i crvenu curry papriku u tavu.
h) Dobro ih izmiješajte i nastavite kuhati petnaestak minuta.
i) Dodajte smeđu rižu u zdjelu.
j) Vaše jelo je spremno za posluživanje.

54.Indijska zdjela riže s curryjem od ovčetine

SASTOJCI:
- Pola funte komada ovčetine
- Dva luka
- Dvije žlice uljane repice
- Jedna šalica kuhane riže
- Dvije šalice vode
- Jedna čajna žličica đumbira
- Dvije rajčice
- Četiri češnja češnjaka
- Šest zelenih čilija
- Posolite po ukusu
- Jedna čajna žličica crvene curry paprike
- Crni papar po ukusu
- Jedna žličica lišća korijandera
- Pola žličice garam masale
- Jedna čajna žličica sjemenki crne gorušice
- Jedna čajna žličica sjemenki kumina

UPUTE:
a) Uzmite tavu i dodajte ulje u nju.
b) Zagrijte ulje i u njega dodajte luk.
c) Pržite luk dok ne postane svijetlo smeđi.
d) U tavu dodajte sjemenke kumina i sjemenke gorušice.
e) Dobro ih popržite i dodajte sol i papar te zeleni čili.
f) U to dodajte kurkumu, đumbir i režnjeve češnjaka.
g) Dodajte ovčetinu i crvenu curry papriku u tavu.
h) Dobro ih izmiješajte i nastavite kuhati petnaestak minuta.
i) Dodajte rižu u zdjelu.
j) Na vrh dodajte pripremljenu smjesu.
k) Dodajte listove korijandera i garam masalu za ukrašavanje.
l) Vaše jelo je spremno za posluživanje.

55.Indijska kremasta zdjela za curry

SASTOJCI:
- Pola funte povrća
- Dva luka
- Dvije žlice uljane repice
- Jedna šalica kuhane riže
- Dvije šalice vode
- Jedna čajna žličica đumbira
- Dvije rajčice
- Četiri češnja češnjaka
- Dva zelena čilija
- Jedna šalica gustog vrhnja
- Posolite po ukusu
- Jedna čajna žličica crvene curry paprike
- Crni papar po ukusu
- Jedna žličica lišća korijandera
- Pola žličice garam masale
- Jedna čajna žličica sjemenki crne gorušice
- Jedna čajna žličica sjemenki kumina

UPUTE:
a) Uzmite tavu i dodajte ulje u nju.
b) Zagrijte ulje i u njega dodajte luk.
c) Pržite luk dok ne postane svijetlo smeđi.
d) U tavu dodajte sjemenke kumina i sjemenke gorušice.
e) Dobro ih popržite i dodajte sol i papar te zeleni čili.
f) U to dodajte kurkumu, đumbir i režnjeve češnjaka.
g) Dodajte povrće, vrhnje i crvenu curry papriku u tavu.
h) Dobro ih izmiješajte i nastavite kuhati petnaestak minuta.
i) Dodajte rižu u zdjelu.
j) Na vrh dodajte pripremljenu smjesu.
k) Dodajte listove korijandera i garam masalu za ukrašavanje.
l) Vaše jelo je spremno za posluživanje.

56. Indijska zdjela riže s limunom

SASTOJCI:
- Dvije žlice uljane repice
- Jedna šalica svježeg začinskog bilja
- Jedna šalica narezanih limuna
- Jedna žlica crvenog čilija u prahu
- Dvije žlice soka od limuna
- Jedna žličica paste od češnjaka i đumbira
- Jedna žličica čili pahuljica
- Pola žličice kumina u prahu
- Jedna žlica korijandera u prahu
- Sol
- Dvije šalice kuhane riže

UPUTE:
a) Uzmite lonac i dodajte ulje u njega.
b) Zagrijte ulje pa u njega dodajte komadiće limuna, sol i papar.
c) Kuhajte nekoliko minuta dok limun ne omekša.
d) U to dodajte češnjak, đumbir i pahuljice crvenog čilija.
e) Kuhajte dok smjesa ne zamiriše.
f) U smjesu dodajte začine i kuhajte.
g) Dodajte rižu u dvije zdjelice.
h) Skuhanu smjesu podijelite u dvije posude.
i) Dodajte svježe začinsko bilje na vrh.
j) Vaše jelo je spremno za posluživanje.

57. Indijska Buddha zdjela od cvjetače

SASTOJCI:
- Jedna šalica cvjetova cvjetače
- Dvije šalice kvinoje
- Dvije šalice vode
- Dvije žlice crvenog čilija u prahu
- Jedna čajna žličica garam masala praha
- Jedna žlica ulja za kuhanje
- Dvije šalice špinata
- Dvije šalice crvene paprike
- Pola šalice prženih indijskih oraščića
- Posolite po ukusu
- Crni papar po ukusu
- Dvije žlice korijandera u prahu
- Jedna čajna žličica kumina u prahu
- Jedna žličica protisnutog češnjaka

UPUTE:
a) Uzmite posudu za umak.
b) Dodajte vodu u posudu.
c) Dodajte kvinoju i dobro kuhajte desetak minuta.
d) Uzmite veliku tepsiju.
e) U tavu dodajte nasjeckani češnjak.
f) Dodajte začine u tavu.
g) Smjesu dobro kuhajte desetak minuta dok se ne zapeku.
h) U tavu dodajte špinat, cvjetaču i papriku.
i) Sastojke dobro kuhajte petnaestak minuta.
j) Dodajte kvinoju u zdjelu.
k) Na vrh dodajte masala cvjetaču.
l) Dodajte pržene indijske oraščiće na vrh cvjetače.
m) Vaše jelo je spremno za posluživanje.

58. Indijska zdjela od leće na žaru

SASTOJCI:
- Dvije žlice uljane repice
- Jedna šalica svježeg začinskog bilja
- Jedna žlica crvenog čilija u prahu
- Dvije šalice pečene leće
- Jedna žličica paste od češnjaka i đumbira
- Jedna žličica čili pahuljica
- Pola žličice kumina u prahu
- Jedna žlica korijandera u prahu
- Sol
- Pola šalice umaka od mente
- Dvije šalice kuhane riže

UPUTE:
a) Uzmite lonac i dodajte ulje u njega.
b) Zagrijte ulje pa u njega dodajte pečenu leću, sol i papar.
c) U to dodajte češnjak, đumbir i pahuljice crvenog čilija.
d) Kuhajte dok smjesa ne zamiriše.
e) U smjesu dodajte začine i kuhajte.
f) Dodajte rižu u dvije zdjelice.
g) Skuhanu smjesu podijelite u dvije posude.
h) Dodajte svježe začinsko bilje i umak od mente na vrh.
i) Vaše jelo je spremno za posluživanje.

KINESKA UDOBNA HRANA

59. Kineska pileća pržena riža

SASTOJCI:
- Jedna žlica ribljeg umaka
- Jedna žlica sojinog umaka
- Pola žličice kineskog pet začina
- Dvije žlice umaka od čilija i češnjaka
- Dva crvena čilija
- Jedan veliki jalapeno
- Pola šalice narezanog mladog luka
- Jedna čajna žličica bijelog papra u zrnu
- Jedna čajna žličica svježeg đumbira
- Pola šalice svježeg lišća cilantra
- Četvrtina listova svježeg bosiljka
- Jedna šalica pileće juhe
- Jedna čajna žličica mljevene limunske trave
- Jedna žličica nasjeckanog češnjaka
- Dvije žlice sezamovog ulja
- Jedno jaje
- Pola šalice piletine
- Dvije šalice kuhane smeđe riže

UPUTE:
a) Uzmi wok.
b) Dodajte mljevenu limunsku travu, bijeli papar u zrnu, nasjeckani češnjak, pet kineskih začina, crveni čili, listove bosiljka i đumbir u wok.
c) Dodajte komade piletine u tavu.
d) Popržite komadiće piletine.
e) Dodajte pileću juhu i umake u smjesu za wok.
f) Kuhajte jelo desetak minuta.
g) Dodajte kuhanu smeđu rižu u smjesu.
h) Rižu dobro promiješajte i kuhajte je pet minuta.
i) Sve zajedno izmiksati.
j) Dodajte cilantro u jelo.
k) Pomiješajte rižu i pržite nekoliko minuta.
l) Dodajte rižu u zdjelice.
m) Ispecite jedno po jedno jaje.
n) Stavite pečeno jaje na vrh zdjele.
o) Vaše jelo je spremno za posluživanje.

60.Začinjena zdjela s povrćem

SASTOJCI:
- Dvije šalice smeđe riže
- Jedna šalica sriracha umaka
- Jedna šalica krastavca
- Dvije žlice ukiseljene rotkvice
- Jedna žlica sečuanskog papra
- Jedna žlica rižinog octa
- Jedna šalica crvenog kupusa
- Jedna šalica klica
- Dvije žlice prženog kikirikija
- Dvije šalice vode
- Posolite po ukusu
- Crni papar po ukusu
- Dvije žlice soja umaka
- Jedna žličica protisnutog češnjaka

UPUTE:
a) Uzmite posudu za umak.
b) Dodajte vodu u tavu.
c) Dodajte smeđu rižu i dobro kuhajte desetak minuta.
d) Skuhajte povrće u tavi.
e) Dodajte sečuanski papar i ostatak začina i umak u tavu.
f) Dobro izmiješajte sastojke.
g) Posudu izvadite kad je gotovo.
h) Dodajte smeđu rižu u zdjelu.
i) Dodajte povrće na vrh.
j) Vaše jelo je spremno za posluživanje.

61. Zdjela za kinesku mljevenu puretinu

SASTOJCI:
- Dvije žličice rižinog vina
- Jedna čajna žličica šećera
- Četvrtina žličice sečuanskog papra
- Dvije žličice nasjeckanog crvenog čilija
- Crni papar
- Sol
- Jedna žlica nasjeckanog češnjaka
- Jedna žlica umaka od kamenica
- Jedna žlica svijetlog soja umaka
- Pola šalice sitno nasjeckanog mladog luka
- Dvije žličice sezamovog ulja
- Četiri žličice tamnog soja umaka
- Dvije šalice mljevene puretine
- Dvije šalice kuhane riže

UPUTE:
a) Uzmite veliku tepsiju.
b) Zagrijte ulje u tavi i u njega dodajte puretinu.
c) U tavu dodajte nasjeckani češnjak.
d) Dodajte rižino vino u tavu.
e) Smjesu dobro kuhajte desetak minuta dok se ne zapeku.
f) Dodajte šećer, sečuanski papar, crvenu čili papričicu, tamni sojin umak, umak od kamenica, svijetli sojin umak, crni papar i sol u tavu.
g) Sastojke dobro kuhajte petnaestak minuta.
h) Dodajte rižu u dvije zdjelice.
i) Na vrh dodajte smjesu kuhane puretine.
j) Vaše jelo je spremno za posluživanje.

62.Zdjele za rižu od mljevene govedine

SASTOJCI:
- Dvije žličice rižinog vina
- Jedna čajna žličica šećera
- Četvrtina žličice sečuanskog papra
- Dvije žličice nasjeckanog crvenog čilija
- Crni papar
- Sol
- Jedna žlica nasjeckanog češnjaka
- Jedna žlica umaka od kamenica
- Jedna žlica svijetlog soja umaka
- Pola šalice sitno nasjeckanog mladog luka
- Dvije žličice sezamovog ulja
- Četiri žličice tamnog soja umaka
- Dvije šalice mljevene govedine
- Dvije šalice kuhane riže

UPUTE:
a) Uzmite veliku tepsiju.
b) Zagrijte ulje u tavi i dodajte govedinu u njega.
c) U tavu dodajte nasjeckani češnjak.
d) Dodajte rižino vino u tavu.
e) Smjesu dobro kuhajte desetak minuta dok se ne zapeku.
f) U tavu dodajte šećerni šećer, sečuanski papar, crvenu čili papričicu, tamni sojin umak, umak od kamenica, svijetli sojin umak, crni papar i sol.
g) Sastojke dobro kuhajte petnaestak minuta.
h) Dodajte rižu u dvije zdjelice.
i) Na vrh dodajte smjesu kuhane govedine.
j) Vaše jelo je spremno za posluživanje.

63. Zdjela za hrskavu rižu

SASTOJCI:
- Dvije šalice kuhane smeđe riže
- Jedna šalica sriracha umaka
- Jedna žlica tamarija
- Jedna žlica rižinog octa
- Posolite po ukusu
- Crni papar po ukusu
- Dvije žlice soja umaka
- Jedna žličica protisnutog češnjaka
- Dvije žlice ulja za kuhanje
- Jedna šalica hrskavog preljeva od riže

UPUTE:
a) Dodajte ulje u tavu.
b) U tavu dodati kuhanu rižu.
c) Rižu dobro izmiješajte.
d) Neka postane hrskavo.
e) Kuhajte desetak minuta.
f) Uzmite malu zdjelicu.
g) Dodajte ostale sastojke u zdjelu.
h) Dobro izmiješajte sastojke.
i) Dodajte hrskavu rižu u zdjelu.
j) Odozgo prelijte pripremljenim umakom.
k) Vaše jelo je spremno za posluživanje.

64. zdjela ljepljive riže

SASTOJCI:
- Jedna žlica umaka od kamenica
- Dvije kineske čili papričice
- Jedna šalica mladog luka
- Pola žlice sojinog umaka
- Dvije žličice mljevenog češnjaka
- Tri žlice ulja za kuhanje
- Pola šalice ljutog umaka
- Dvije šalice miješanog povrća
- Posolite po potrebi
- Nasjeckani svježi cilantro za ukrašavanje
- Jedna šalica kobasice
- Jedna šalica kuhane ljepljive riže

UPUTE:
a) Uzmite veliku tepsiju.
b) Dodajte ulje za kuhanje u tavu i zagrijte ga.
c) Dodajte povrće i mladi luk u tavu i popržite ga uz miješanje.
d) Dodajte kobasice i dobro prokuhajte.
e) Dodajte nasjeckani češnjak u tavu.
f) U smjesu dodajte soja umak, riblji umak, kinesku čili papričicu, ljuti umak i ostale sastojke.
g) Kuhajte jelo desetak minuta.
h) Izvadite sastojke.
i) Dodajte ljepljivu rižu u zdjelice.
j) Na vrh dodajte pripremljenu smjesu.
k) Ukrasite zdjelice nasjeckanim svježim listovima cilantra.
l) Vaše jelo je spremno za posluživanje.

65.Hoisin goveđa zdjela

SASTOJCI:
- Dvije šalice smeđe riže
- Jedna šalica hoisin umaka
- Jedna žlica sečuanskog papra
- Jedna žlica rižinog octa
- Dvije šalice goveđih trakica
- Dvije šalice vode
- Posolite po ukusu
- Crni papar po ukusu
- Dvije žlice soja umaka
- Jedna žličica protisnutog češnjaka

UPUTE:
a) Uzmite posudu za umak.
b) Dodajte vodu u tavu.
c) Dodajte smeđu rižu i dobro kuhajte desetak minuta.
d) Skuhajte goveđe trake u tavi.
e) U tavu dodajte hoisin umak i ostatak začina i umak.
f) Dobro izmiješajte sastojke.
g) Posudu izvadite kad je gotovo.
h) Dodajte smeđu rižu u zdjelu.
i) Na vrh dodajte smjesu govedine.
j) Vaše jelo je spremno za posluživanje.

66. Zdjela za rižu od svinjetine i đumbira

SASTOJCI:
- Dvije žličice rižinog vina
- Četvrtina žličice sečuanskog papra
- Crni papar
- Sol
- Jedna žlica nasjeckanog đumbira
- Jedna žlica umaka od kamenica
- Jedna žlica svijetlog soja umaka
- Dvije žličice sezamovog ulja
- Četiri žličice tamnog soja umaka
- Dvije šalice mljevene svinjetine
- Dvije šalice kuhane riže

UPUTE:
a) Uzmite veliku tepsiju.
b) Zagrijte ulje u tavi i u njega dodajte svinjetinu.
c) Dodajte nasjeckani đumbir u tavu.
d) Dodajte rižino vino u tavu.
e) Smjesu dobro kuhajte desetak minuta dok se ne zapeku.
f) Dodajte šećer, sečuanski papar, crvenu čili papričicu, tamni sojin umak, umak od kamenica, svijetli sojin umak, crni papar i sol u tavu.
g) Sastojke dobro kuhajte petnaestak minuta.
h) Dodajte rižu u dvije zdjelice.
i) Na vrh dodajte smjesu kuhane svinjetine.
j) Vaše jelo je spremno za posluživanje.

67. Veganska zdjela za pečenje s umakom od sezama

SASTOJCI:
- Jedna šalica edamamea
- Jedna nasjeckana mrkva
- Dvije šalice riže
- Dvije šalice narezanog avokada
- Jedna šalica umaka od sezama
- Jedna šalica krastavca
- Jedna šalica ljubičastog kupusa
- Jedna šalica hrskavih tofu kockica
- Dvije žlice đumbira
- Jedna žlica rižinog octa
- Dvije šalice vode
- Posolite po ukusu
- Crni papar po ukusu
- Dvije žlice svijetlog soja umaka
- Dvije žlice tamnog soja umaka
- Jedna žličica protisnutog češnjaka

UPUTE:
a) Uzmite posudu za umak.
b) Dodajte vodu u tavu.
c) Dodajte rižu i dobro kuhajte desetak minuta.
d) Dodajte ostatak sastojaka osim umaka od sezama u zdjelu.
e) Dobro izmiješajte sastojke.
f) Dodajte smeđu rižu u zdjelu.
g) Dodajte povrće i tofu na vrh.
h) Po vrhu pokapajte umak od sezama.
i) Vaše jelo je spremno za posluživanje.

68.Čili pileća riža zdjela

SASTOJCI:
- Jedna čajna žličica bijelog papra u zrnu
- Jedna čajna žličica svježeg đumbira
- Jedna žlica ribljeg umaka
- Jedna žlica sojinog umaka
- Pola žličice kineskog pet začina
- Dvije žlice umaka od čilija i češnjaka
- Jedna šalica kineskog crvenog čilija
- Jedna čajna žličica mljevene limunske trave
- Jedna žličica nasjeckanog češnjaka
- Dvije žličice sezamovog ulja
- Jedna šalica komadića piletine
- Dvije šalice kuhane riže

UPUTE:
a) Uzmi wok.
b) U wok dodajte mljevenu limunsku travu, bijeli papar u zrnu, nasjeckani češnjak, pet kineskih začina, crveni čili, listove bosiljka i đumbir.
c) Uzmite neprijanjajuću tavu.
d) Dodajte piletinu u tavu.
e) Skuhajte sastojke i izvadite ih.
f) Dodajte umake u smjesu za wok.
g) Kuhajte jelo desetak minuta.
h) Dodajte piletinu i kuhajte je pet minuta.
i) U to umiješajte ostale sastojke.
j) Kuhajte jelo još pet minuta.
k) Stavite rižu u dvije zdjele.
l) Na vrh dodajte smjesu s piletinom.
m) Vaše jelo je spremno za posluživanje.

69.Tofu Buddha zdjela

SASTOJCI:
- Jedna žlica umaka od kamenica
- Dvije kineske čili papričice
- Jedna žlica ribljeg umaka
- Pola žlice sojinog umaka
- Dvije žličice mljevenog češnjaka
- Tri žlice ulja za kuhanje
- Pola šalice ljutog umaka
- Dvije šalice miješanog povrća
- Dvije šalice tofu kockica
- Posolite po potrebi
- Nasjeckani svježi cilantro za ukrašavanje
- Dvije šalice kuhane riže
- Jedna šalica prženog kikirikija
- Jedna šalica Buddha dressinga

UPUTE:
a) Uzmite veliku tepsiju.
b) Dodajte ulje za kuhanje u tavu i zagrijte ga.
c) Dodajte povrće i tofu u tavu i popržite ga uz miješanje.
d) Dodajte nasjeckani češnjak u tavu.
e) U smjesu dodajte soja umak, riblji umak, kinesku čili papričicu, ljuti umak i ostale sastojke.
f) Kuhajte jelo desetak minuta i dodajte malo vode za curry.
g) Izvadite sastojke.
h) Dodajte rižu u zdjelice.
i) Na to dodajte pripremljenu smjesu i preljev.
j) Ukrasite zdjelice nasjeckanim svježim listovima cilantra.
k) Vaše jelo je spremno za posluživanje.

70.Dan zdjela riže

SASTOJCI:
- Jedna šalica mljevene svinjetine
- Jedna žlica sriracha umaka
- Pola šalice nasjeckanog celera
- Pola šalice narezanog mladog luka
- Jedna žličica rižinog vina
- Jedna čajna žličica svježeg đumbira
- Jedna žlica sojinog umaka
- Pola žličice kineskog pet začina
- Pola šalice svježeg lišća cilantra
- Pola šalice svježih listova bosiljka
- Jedna šalica goveđe juhe
- Jedna žličica nasjeckanog češnjaka
- Dvije žlice biljnog ulja
- Dvije šalice kuhane riže

UPUTE:
a) Uzmi wok.
b) Dodajte začine u wok.
c) Dodajte goveđu juhu i umake u smjesu za wok.
d) Kuhajte jelo desetak minuta.
e) Dodajte svinjetinu u smjesu.
f) Svinjetinu dobro izmiješajte i kuhajte pet minuta.
g) Sastojke dobro prokuhati i pomiješati sa ostalim sastojcima.
h) Smanjite toplinu štednjaka.
i) U posebnu posudu dodajte suhe rezance i vodu.
j) Dodajte kuhanu rižu u zdjelice.
k) Na vrh dodajte kuhanu smjesu.
l) Dodajte cilantro na vrh.
m) Vaše jelo je spremno za posluživanje.

71.Zdjela riže s mljevenom piletinom

SASTOJCI:
- Dvije žličice rižinog vina
- Jedna čajna žličica šećera
- Četvrtina žličice sečuanskog papra
- Dvije žličice nasjeckanog crvenog čilija
- Crni papar
- Sol
- Jedna žlica nasjeckanog češnjaka
- Jedna žlica umaka od kamenica
- Jedna žlica svijetlog soja umaka
- Pola šalice sitno nasjeckanog mladog luka
- Dvije žličice sezamovog ulja
- Četiri žličice tamnog soja umaka
- Dvije šalice mljevene piletine
- Dvije šalice kuhane riže

UPUTE:
a) Uzmite veliku tepsiju.
b) Zagrijte ulje u tavi i dodajte piletinu u njega.
c) U tavu dodajte nasjeckani češnjak.
d) Dodajte rižino vino u tavu.
e) Smjesu dobro kuhajte desetak minuta dok se ne zapeku.
f) Dodajte šećer, sečuanski papar, crvenu čili papričicu, tamni sojin umak, umak od kamenica, svijetli sojin umak, crni papar i sol u tavu.
g) Sastojke dobro kuhajte petnaestak minuta.
h) Dodajte rižu u dvije zdjelice.
i) Na vrh dodajte smjesu kuhane piletine.
j) Vaše jelo je spremno za posluživanje.

72.Zdjela za rezance s limunom

SASTOJCI:
- Jedna šalica rižinih rezanaca
- Pola šalice soka od limuna
- Jedna šalica luka
- Jedna šalica vode
- Dvije žlice mljevenog češnjaka
- Dvije žlice mljevenog đumbira
- Pola šalice cilantra
- Dvije šalice povrća
- Dvije žlice maslinovog ulja
- Jedna šalica temeljca od povrća
- Jedna šalica nasjeckanih rajčica

UPUTE:
a) Uzmi tavu.
b) Dodajte ulje i luk.
c) Luk kuhajte dok ne omekša i ne zamiriši.
d) Dodajte nasjeckani češnjak i đumbir.
e) Zakuhajte smjesu i u nju dodajte rajčice.
f) Dodajte začine.
g) U to dodajte rižine rezance i sok od limuna.
h) Sastojke pažljivo promiješajte i poklopite posudu.
i) Dodajte povrće i ostale sastojke.
j) Kuhajte desetak minuta.
k) Podijelite ga u dvije posude.
l) Dodajte cilantro na vrh.
m) Vaše jelo je spremno za posluživanje.

73. Zdjela riže s piletinom od češnjaka i soje

SASTOJCI:
- Dvije žličice rižinog vina
- Jedna šalica soje
- Četvrtina žličice sečuanskog papra
- Dvije žličice nasjeckanog crvenog čilija
- Crni papar
- Sol
- Jedna šalica komadića piletine
- Jedna žlica nasjeckanog češnjaka
- Dvije žlice sezamovog ulja
- Četiri žličice tamnog soja umaka
- Dvije šalice kuhane riže
- Dvije žlice nasjeckanog mladog luka

UPUTE:
a) Uzmite veliku tepsiju.
b) Zagrijte ulje u tavi.
c) U tavu dodajte nasjeckani češnjak.
d) Dodajte piletinu, rižino vino i soju u tavu.
e) Smjesu dobro kuhajte desetak minuta dok se ne zapeku.
f) Dodajte sečuanski papar, crvenu čili papričicu, tamni sojin umak, crni papar i sol u tavu.
g) Sastojke dobro kuhajte petnaestak minuta.
h) Podijelite rižu u dvije posude.
i) Dodajte smjesu na vrh.
j) Jelo ukrasite nasjeckanim mladim lukom.
k) Vaše jelo je spremno za posluživanje.

VIJETNAMSKA UDOBNA HRANA

74. Banh Mi zdjela riže

SASTOJCI:
- Dvije šalice kuhane riže
- Jedna žličica ribljeg umaka
- Jedna šalica nasjeckanog kupusa
- Jedna šalica nasjeckanog mladog luka
- Dvije žlice nasjeckanog cilantra
- Jedna šalica komadića svinjskog filea
- Jedna šalica ukiseljenog povrća
- Dvije žlice maslinovog ulja
- Jedna šalica sriracha majoneze
- Posolite po ukusu
- Crni papar po ukusu

UPUTE:
a) Uzmi tavu.
b) Dodajte ulje u tavu.
c) Dodajte svinjetinu, sol i crni papar.
d) Dobro kuhajte desetak minuta.
e) Posudu izvadite kad je gotovo.
f) Podijelite rižu u dvije posude.
g) Na vrh dodajte svinjetinu, ukiseljeno povrće, sriracha majonezu i ostale sastojke.
h) Ukrasite cilantrom na vrhu.
i) Vaše jelo je spremno za posluživanje.

75. Govedina i hrskava riža

SASTOJCI:
- Dvije šalice kuhane smeđe riže
- Jedna šalica sriracha umaka
- Jedna žlica ribljeg umaka
- Jedna šalica kuhanih goveđih trakica
- Jedna žlica rižinog octa
- Posolite po ukusu
- Crni papar po ukusu
- Dvije žlice soja umaka
- Jedna žličica protisnutog češnjaka
- Dvije žlice ulja za kuhanje

UPUTE:
a) Dodajte ulje u tavu.
b) U tavu dodati kuhanu rižu.
c) Rižu dobro izmiješajte.
d) Neka postane hrskavo.
e) Kuhajte desetak minuta.
f) U smjesu dodajte sve umake i začine.
g) Dobro izmiješajte sastojke.
h) Dodajte hrskavu rižu u zdjelu.
i) Dodajte kuhanu govedinu na vrh riže.
j) Vaše jelo je spremno za posluživanje.

76. Zdjela s piletinom i sirarcha rižom

SASTOJCI:
- Dvije šalice kuhane smeđe riže
- Jedna šalica sriracha umaka
- Jedna žlicaribljeg umaka
- Jedna šalica pilećih trakica
- Jedna žlica rižinog octa
- Posolite po ukusu
- Crni papar po ukusu
- Dvije žlice soja umaka
- Jedna žličica protisnutog češnjaka
- Dvije žlice ulja za kuhanje

UPUTE:
a) Dodajte ulje u tavu.
b) Dodajte češnjak u tavu.
c) Dobro izmiješajte češnjak.
d) Neka postane hrskavo.
e) Dodajte komade piletine.
f) U smjesu dodajte sve umake i začine.
g) Dobro izmiješajte sastojke.
h) Kuhanu rižu podijelite u dvije posude.
i) Na rižu dodajte kuhanu piletinu.
j) Vaše jelo je spremno za posluživanje.

77. Zdjela s goveđim rezancima s limunskom travom

SASTOJCI:
- Dvije šalice rezanaca
- Dvije šalice vode
- Jedna žličica ribljeg umaka
- Jedna šalica luka
- Jedna šalica vode
- Dvije žlice mljevenog češnjaka
- Dvije žlice mljevenog đumbira
- Pola šalice cilantra
- Dvije žlice sušene limunske trave
- Dvije žlice maslinovog ulja
- Jedna šalica goveđeg temeljca
- Jedna šalica goveđih trakica
- Jedna šalica nasjeckanih rajčica

UPUTE:
a) Uzmi tavu.
b) Dodajte ulje i luk.
c) Luk kuhajte dok ne omekša i zamiriši.
d) Dodajte nasjeckani češnjak i đumbir.
e) Zakuhajte smjesu i u nju dodajte rajčice.
f) Dodajte začine.
g) U to dodajte goveđe trakice, goveđu juhu i riblji umak.
h) Sastojke pažljivo promiješajte i poklopite posudu.
i) Kuhajte desetak minuta.
j) Uzmite posudu za umak.
k) Dodajte vodu u tavu.
l) Dodajte rezance i dobro kuhajte desetak minuta.
m) Rezance podijeliti u dvije posude.
n) Dodajte smjesu govedine i cilantro na vrh.
o) Vaše jelo je spremno za posluživanje.

78. Zdjela s glaziranom piletinom i rižom

SASTOJCI:
- Dvije žličice rižinog vina
- Četvrtina žličice ribljeg umaka
- Crni papar
- Sol
- Jedna žlica nasjeckanog đumbira
- Jedna žlica umaka od kamenica
- Jedna žlica svijetlog soja umaka
- Pola šalice sitno nasjeckanog mladog luka
- Dvije žličice sezamovog ulja
- Četiri žličice tamnog soja umaka
- Dvije šalice glaziranih komada piletine
- Dvije šalice kuhane riže

UPUTE:
a) Uzmite veliku tepsiju.
b) Dodajte nasjeckani đumbir u tavu.
c) Dodajte rižino vino u tavu.
d) Smjesu dobro kuhajte desetak minuta dok se ne zapeku.
e) U tavu dodajte riblji umak, tamni sojin umak, umak od kamenica, svijetli sojin umak, crni papar i sol.
f) Sastojke dobro kuhajte petnaestak minuta.
g) Dodajte rižu u dvije zdjelice.
h) Na vrh dodajte kuhanu smjesu.
i) Na vrh dodajte glazirane komade piletine.
j) Vaše jelo je spremno za posluživanje.

79.Češnjak kozica Vermicelli

SASTOJCI:
- Jedna šalica rižinih vermicella
- Jedna žličica ribljeg umaka
- Jedna šalica luka
- Jedna šalica vode
- Dvije žlice mljevenog češnjaka
- Dvije žlice mljevenog đumbira
- Pola šalice cilantra
- Dvije žlice ulja za kuhanje
- Jedna šalica komada kozica
- Jedna šalica temeljca od povrća
- Jedna šalica nasjeckanih rajčica

UPUTE:
a) Uzmi tavu.
b) Dodajte ulje i luk.
c) Kuhajte luk dok ne omekša i ne zamiriši.
d) Dodajte nasjeckani češnjak i đumbir.
e) Zakuhajte smjesu i u nju dodajte rajčice.
f) Dodajte začine.
g) U to dodajte komadiće kozica.
h) Sastojke pažljivo promiješajte i poklopite posudu.
i) Dodajte rižine vermicelle, riblji umak i ostale sastojke.
j) Kuhajte desetak minuta.
k) Podijelite ga u dvije posude.
l) Dodajte cilantro na vrh.
m) Vaše jelo je spremno za posluživanje.

80. Zdjela s pilećim okruglicama i rezancima

SASTOJCI:
- Jedna žlica svijetlog soja umaka
- Pola šalice sitno nasjeckanog mladog luka
- Dvije žličice sezamovog ulja
- Četiri žličice tamnog soja umaka
- Dvije šalice pilećih okruglica kuhanih na pari
- Dvije šalice kuhanih rezanaca
- Dvije žličice rižinog vina
- Četvrtina žličice ribljeg umaka
- Crni papar
- Sol
- Jedna žlica nasjeckanog đumbira
- Jedna žlica umaka od kamenica

UPUTE:
a) Uzmite veliku tepsiju.
b) Dodajte nasjeckani đumbir u tavu.
c) Dodajte rižino vino u tavu.
d) Smjesu dobro kuhajte desetak minuta dok se ne zapeku.
e) U tavu dodajte riblji umak, tamni sojin umak, umak od kamenica, svijetli sojin umak, crni papar i sol.
f) Sastojke dobro kuhajte petnaestak minuta.
g) Dodajte rezance u dvije posude.
h) Na vrh dodajte kuhanu smjesu.
i) Na vrh dodajte pileće okruglice.
j) Vaše jelo je spremno za posluživanje.

81. zdjela riže

SASTOJCI:
- Dvije žlice mljevenog češnjaka
- Dvije žlice mljevenog đumbira
- Pola šalice cilantra
- Dvije žlice ulja za kuhanje
- Jedna šalica pilećeg temeljca
- Jedna šalica komadića piletine
- Jedna šalica nasjeckanih rajčica
- Dvije šalice riže
- Dvije šalice vode
- Jedna žličica ribljeg umaka
- Jedna šalica luka
- Jedna šalica vode

UPUTE:
a) Uzmi tavu.
b) Dodajte ulje i luk.
c) Kuhajte luk dok ne omekša i ne zamiriši.
d) Dodajte nasjeckani češnjak i đumbir.
e) Zakuhajte smjesu i u nju dodajte rajčice.
f) Dodajte začine.
g) U to dodajte komade piletine, pileću juhu i riblji umak.
h) Sastojke pažljivo promiješajte i poklopite posudu.
i) Kuhajte desetak minuta.
j) Uzmite posudu za umak.
k) Dodajte vodu u tavu.
l) Dodajte rižu i dobro kuhajte desetak minuta.
m) Podijelite rižu u dvije posude.
n) Dodajte smjesu s piletinom i cilantro na vrh.
o) Vaše jelo je spremno za posluživanje.

82. Začinjena goveđa riža zdjela

SASTOJCI:
- Pola šalice cilantra
- Dvije žlice crvene čili papričice
- Dvije žlice maslinovog ulja
- Jedna šalica goveđeg temeljca
- Jedna šalica goveđih trakica
- Jedna šalica nasjeckanih rajčica
- Dvije šalice smeđe riže
- Dvije šalice vode
- Jedna žličica ribljeg umaka
- Jedna šalica luka
- Jedna šalica vode
- Dvije žlice mljevenog češnjaka
- Dvije žlice mljevenog đumbira

UPUTE:
a) Uzmi tavu.
b) Dodajte ulje i luk.
c) Kuhajte luk dok ne omekša i ne zamiriši.
d) Dodajte nasjeckani češnjak i đumbir.
e) Zakuhajte smjesu i u nju dodajte rajčice.
f) Dodajte začine.
g) U to dodajte goveđe trakice, crvenu čili papričicu, goveđu juhu i riblji umak.
h) Sastojke pažljivo promiješajte i poklopite posudu.
i) Kuhajte desetak minuta.
j) Uzmite posudu za umak.
k) Dodajte vodu u tavu.
l) Dodajte smeđu rižu i dobro kuhajte desetak minuta.
m) Podijelite smeđu rižu u dvije zdjele.
n) Dodajte smjesu govedine i cilantro na vrh.
o) Vaše jelo je spremno za posluživanje.

83.Zdjela s karameliziranom piletinom

SASTOJCI:
- Pola šalice sitno nasjeckanog mladog luka
- Dvije žličice sezamovog ulja
- Četiri žličice tamnog soja umaka
- Dvije šalice kuhanih komada piletine
- Dvije žlice šećera
- Dvije šalice kuhane riže
- Dvije žličice rižinog vina
- Četvrtina žličice ribljeg umaka
- Crni papar
- Sol
- Jedna žlica nasjeckanog đumbira
- Jedna žlica umaka od kamenica
- Jedna žlica svijetlog soja umaka

UPUTE:
a) Uzmite veliku tepsiju.
b) Dodajte nasjeckani đumbir u tavu.
c) Dodajte rižino vino u tavu.
d) Smjesu dobro kuhajte desetak minuta dok se ne zapeku.
e) U tavu dodajte riblji umak, tamni sojin umak, umak od kamenica, svijetli sojin umak, crni papar i sol.
f) Sastojke dobro kuhajte petnaestak minuta.
g) Posudu izvadite kad je gotovo.
h) U tavu dodajte šećer i pustite da se otopi.
i) Dodajte kuhane komade piletine i dobro promiješajte.
j) Kuhajte pet minuta.
k) Dodajte rižu u dvije zdjelice.
l) Na vrh dodajte kuhanu smjesu.
m) Na vrh dodajte karameliziranu piletinu.
n) Vaše jelo je spremno za posluživanje.

TAJLANDSKA UDOBNA HRANA

84. Tajlandski curry od kikirikija i kokosa od cvjetače i slanutka

SASTOJCI:
- Kokosovo ulje: ½ žlice
- Češnjevi češnjaka: 3, mljevena
- Svježi đumbir: 1 žlica, naribana
- Velika mrkva: 1 tanko narezana
- Cvjetača: 1 mala glavica (3-4 šalice)
- Zeleni luk: 1 vezica, narezana na kockice
- Kokosovo mlijeko: 1 limenka (lite) (15 unci)
- Vegetarijanska juha ili voda: 1-trećina šalice
- Crveni curry pasta: 2 žlice
- Maslac od kikirikija (ili maslac od indijskih oraščića): 2 žlice
- Soja umak bez glutena ili kokosove aminokiseline: ½ žlice
- Mljevena kurkuma: ½ žličice
- mljevena crvena kajenska paprika: ½ žličice
- Sol: ½ žličice
- Crvena paprika: 1 (julien)
- Slanutak: 1 konzerva (15 unci) (isprati i ocijediti)
- Smrznuti grašak: ½ šalice
- Za ukrašavanje:
- Svježi cilantro
- Zeleni luk
- Kikiriki ili indijski oraščići, nasjeckani

UPUTE:
a) Zagrijte veliki lonac. Kuhajte kokosovo ulje, češnjak i đumbir 30 sekundi prije nego što dodate zeleni luk, mrkvu i cvjetove cvjetače.
b) Zatim pomiješajte kokosovo mlijeko, sojin umak/kokosove aminokiseline, vodu, kurkumu, maslac od kikirikija, crveni kajenski papar, curry pastu i sol.
c) Zatim dodajte papriku i slanutak te kuhajte 10 minuta.
d) Umiješajte smrznuti grašak i kuhajte još minutu.
e) Dodajte nasjeckani kikiriki/indijski orah, zeleni luk i cilantro za ukrašavanje.

85. Pržene tikvice i jaje

SASTOJCI:
- Tikvice: 1 oguljena i narezana na kockice
- Jaja: 2
- Voda: 2 žlice
- Soja umak: 1 žlica
- Umak od kamenica: ½ žlice
- Sitno nasjeckani češnjak: 2 češnja
- Šećer: ½ žlice

UPUTE:
a) U woku zagrijte 2 žlice ulja za kuhanje na jakoj vatri.
b) Dodajte nasjeckane režnjeve češnjaka i pržite oko 15 sekundi.
c) Dodati 1 oguljenu i na kockice narezanu tikvicu i miješajući pržiti 1 minutu s češnjakom.
d) Premjestite tikvice na jednu stranu woka i razbijte 2 jaja u prozirnu stranu. Miješajte jaja nekoliko sekundi prije nego što ih pomiješate s tikvicama.
e) U woku pomiješajte ½ žlice šećera, 1 žlicu soja umaka, ½ žlice umaka od kamenica i 2 žlice vode.
f) Uz miješanje pržite još 2 do 3 minute, odnosno dok tikvice ne omekšaju i upiju okus umaka. Zatim poslužite s prilogom od kuhane riže.

86. Vege Pad Thai

SASTOJCI:
ZA PAD THAI:
- Široki rižini rezanci: 200 grama (7 oz)
- Ulje od kikirikija: 2 žlice
- Mladi luk: 2 komada, narezan na ploške
- Češnja češnjaka: 1-2 (sitno narezana)
- Ljuti crveni čili: 1 (sitno narezan)
- Mala brokula: ½ (narezana na cvjetiće)
- Crvena paprika: 1 (sitno narezana)
- Mrkve: 2 (narezane na trake brzom gulilicom)
- Prženi i neslani kikiriki: ¼ šalice (30 grama, mljeveni)
- Svježi cilantro: 1 šaka (za ukrašavanje)
- Limeta: 1 za posluživanje

ZA UMAK:
- Soja umak bez glutena: 5 žlica
- Javorov sirup: 2-3 žlice (po želji)

UPUTE:
a) Rižine rezance skuhajte, ocijedite, prelijte s malo ulja da se ne zalijepe i ostavite sa strane.
b) U tavi zagrijte 1 žlicu ulja.
c) Dodajte mladi luk, češnjak i čili i nastavite miješati dok ne zamiriše.
d) Stavite u posebnu zdjelu za posluživanje.
e) U istoj woku/tavi zagrijte još jednu žlicu ulja i pržite brokulu oko 2 minute.
f) Umiješajte crvenu papriku i mrkvu dok ne budu kuhani, ali još uvijek hrskavi.
g) Svo povrće stavite u posebnu zdjelu.
h) U maloj šalici pomiješajte sve sastojke za umak i ulijte umak na dno woka/tave.
i) Dodajte rezance i prelijte ih umakom. Umiješajte mladi luk, čili, češnjak i prženo povrće i pustite da se zagrije minutu ili dvije.
j) Poslužite u tanjurima s mljevenim kikirikijem, svježim cilantrom i sokom od limete, po želji.

87. Mljeveni krumpir s čileom na tajlandski način

SASTOJCI:

- Maslinovo ulje: 4 žlice
- Mali mladi ili Yukon zlatni krumpiri: 2 funte košer soli
- Riblji umak: 2 žlice
- Sok limete: 2 žlice
- Rižin ocat: 2 žlice
- Mljeveni fresno ili serrano čili: 1 žlica ili crveno-papričice: ½ žličice (plus još po ukusu)
- Soja umak ili tamari: 1 žličica
- Šećer u prahu: 1 žličica
- Češanj češnjaka: 1, naribani
- Grubo nasjeckani svježi cilantro: ¼ šalice
- Tanko narezani mladi luk: ¼ šalice (bijeli i zeleni dio)

UPUTE:

a) Zagrijte pećnicu na 450 stupnjeva Fahrenheita.
b) Posudu premažite 1 žlicom maslinovog ulja.
c) Skuhajte krumpir s 1 cm i 2 žlice soli u velikom loncu.
d) Nastavite kuhati, bez poklopca, 15 do 18 minuta ili dok krumpir ne omekša na vilici. Kuhani krumpir ocijedite u cjedilu.
e) U međuvremenu pomiješajte riblji umak, sojin umak, sok od limete, čile, rižin ocat, šećer i češnjak u maloj šalici, zatim dodajte mladi luk i cilantro.
f) Stavite krumpir na pripremljenu tepsiju.
g) Nježno razbijte svaki krumpir dnom mjerne posude dok ne postane debljine oko ½ inča. Preostale 3 žlice maslinovog ulja pokapajte preko krumpira i okrenite da se obje strane ravnomjerno oblože.
h) Pecite 30 do 40 minuta, dok ne porumene i postanu hrskavi, nakon što ih začinite s ½ žličice soli.
i) Krumpir stavite na pladanj za posluživanje, malo posolite i prelijte umakom. Poslužite odmah, ukrašeno listovima cilantra.

88. Jastučić za špagete za skvoš tajlandski

SASTOJCI:

ZA UMAK:
- Tamari/sojin umak: 3 žlice
- Slatki čili umak: 3 žlice
- Rižin vinski ocat: 1 žlica

ZA PAD THAI:
- Špageti squash: 1 srednja
- Ekstra djevičansko maslinovo ulje: (za podlijevanje)
- Morska sol: (za začin)
- Ulje prženog kikirikija: 2 žlice
- Ekstra čvrsti tofu: 14 unci (ocijeđen, prešan i narezan na kockice)
- Kukuruzni škrob: 2 žlice
- Brokula: 1 mala glavica (samo cvjetovi i nasjeckana)
- Mladi luk: 5 komada, narezan na ploške
- Češnja češnjaka: 3 srednja, mljevena
- Klice graha: 1 puna šalica

ZA POSLUŽIVANJE:
- Sriracha
- Pečeni kikiriki: (mljeveni)
- Kriške limete
- Svježi cilantro, nasjeckan

UPUTE:
a) Zagrijte pećnicu na 400 stupnjeva Fahrenheita.
b) Ostružite sjemenke iz špageta tako da ih prerežete na pola po dužini. Prelijte maslinovim uljem, posolite i stavite prerezanu stranu prema gore na lim za pečenje.
c) Pecite 1 sat ili dok vilica ne omekša. Izlijte svu preostalu tekućinu, a zatim vilicom nastružite špagete na niti. Ostavite ga sa strane.
d) U međuvremenu napravite umak: U maloj posudi za miješanje pomiješajte sve sastojke i promiješajte da se sjedine. Staviti na stranu.
e) Na srednjoj vatri zagrijte veliku tavu. U zdjelu za miješanje umiješajte tofu u kukuruzni škrob. Kuhajte tofu u tavi s uljem od kikirikija dok ne porumeni.
f) Dodajte brokulu i kuhajte 3 minute.
g) Pomiješajte klice graha, mladi luk, špagete i češnjak u velikoj zdjeli za miješanje.
h) Umiješajte umak da ravnomjerno prekrije rezance.
i) Poslužite s kriškama limete, kikirikijem, srirachom i cilantrom sa strane.

89. Okruglice kuhane na pari sa Shiitake gljivama

SASTOJCI:
- Omot knedli: 1 paket (okrugli i smrznuti)
- List banane: 1

ZA NADJEV:
- Shitake gljive: 3 šalice (svježe i narezane)
- Tofu: 1 šalica (kockica, srednje čvrsta)
- Galangal: komad od 1-2 inča (ili narezani đumbir)
- Češnjak: 3-4 češnja
- Mladi luk: 2 komada, narezan na ploške
- Cilantro: ½ šalice (lišće i stabljike) (svježi i nasjeckani)
- Bijeli papar: ¼ žličice
- Soja umak: 3 žlice
- Sezamovo ulje: 2 žlice
- Čili umak: 1 žličica (ili više ako želite ljuto)
- Vegetarijanski pileći temeljac/temelj od povrća: ¼ šalice

ZA Knedle:
- Kukuruzni škrob/brašno: 1-2 žlice
- Soja umak: za ukrašavanje

UPUTE:
a) Ostavite najmanje 30 minuta da se list banane otopi.
b) Posudu za kuhanje na pari obložite 1 ili 2 sloja listova banane.
c) U sjeckalici pomiješajte sve sastojke za punjenje i obradite dok se ne usitne, ali ne u pastu.
d) Na čistu radnu površinu odjednom stavite 6 omota knedli. Pripremite i manju posudu s vodom za zatvaranje knedli.
e) U sredinu svakog omota stavite 1 žličicu nadjeva.
f) Zatim navlažite vanjsku stranu omota prstima (ili slastičarskom četkom) umočenom u vodu.
g) Za zatvaranje omota, podignite strane preko nadjeva i pritisnite jednu za drugu. Da biste napravili ukrasni rub, stisnite duž šava.
h) Okruglice odmah skuhajte na pari ili ih poklopite i ohladite do 3 sata.
i) Okruglice kuhajte na pari, stavite ih u posudu za kuhanje na pari obloženu listovima banane (mogu se dodirivati) i kuhajte na pari 15 do 20 minuta dok se gljive ne skuhaju.
j) Prije posluživanja prelijte soja umakom i čili umakom.

90. Tajlandski tofu Satay

SASTOJCI:

SATAY
- Čvrsti tofu: 14 oz (zamrznut i odmrznut)
- Punomasno kokosovo mlijeko: ¼ šalice
- Češnjevi češnjaka: 3, mljevena
- Đumbir: 2 žličice, naribani
- Curry pasta: 1 žlica
- Javorov sirup: 1 žlica
- Soja umak s niskim sadržajem natrija: 2 žlice
- Ražnjići od bambusa: deset
- Cilantro: po ukusu
- Limeta: po ukusu
- Kikiriki: za ukras nasjeckani

UMAK OD KIKIRIKIJA
- Kremasti maslac od kikirikija: ¼ šalice
- Topla voda: 2 žlice
- Curry pasta: 1 žlica
- Javorov sirup: 1 žlica
- Soja umak: ½ žlice
- Rižin ocat: ½ žlice
- Sok od limete: 1 žlica
- Češnjak: ½ žličice, mljevenog
- Sezamovo ulje: ½ žličice
- Sriracha: ½ žlice

UPUTE:

a) U zdjeli za miješanje pomiješajte sastojke za marinadu , zatim dodajte odmrznuti tofu i lagano promiješajte da prekrije sve komadiće.
b) Zagrijte pećnicu na 400 stupnjeva Fahrenheita. Marinirani tofu natrgajte na male komadiće i nanižite ih na ražnjiće.
c) Pecite 30-35 minuta na limu obloženom papirom za pečenje, okrećući ga do pola.
d) Na kraju uključite brojler na 4-5 minuta kako bi ražnjići postali hrskavi i pougljenili rubovi (nemojte zagorjeti!).
e) U maloj šalici pomiješajte sve sastojke za umak od kikirikija dok ne postane glatko.
f) Poslužite satay preliven umakom i ukrašen mljevenim cilantrom i kikirikijem.

91.Tajlandski prženi rezanci s povrćem

SASTOJCI:
- Pšenični rezanci na kineski način: 5-8 unci (ili rezanci od jaja)
- Biljno ulje: 2-3 žlice (za prženje)
- Režnjevi češnjaka: 4, mljevena
- Galangal/đumbir: 2-3 žlice, naribane
- Luk/ljubičasti luk: ¼ šalice, nasjeckanog
- Mrkva: 1 narezana na ploške
- Shiitake gljive: 5-8 komada, narezane na ploške
- Brokula: 1 mala glavica (nasjeckana na cvjetiće)
- Crvena paprika: 1 mala, narezana na ploške
- Klice graha: 2 šalice
- Ukras: svježi korijander/bosiljak
- Umak za prženje:
- Svježi sok od limete: 3 žlice (ili više po ukusu)
- Soja umak: 3 žlice (ili više po ukusu)
- Riblji umak: 1 žlica (ili više po ukusu)
- Rižin ocat: 3 žlice (ili bijeli vinski ocat)
- Umak od kamenica: 3 žlice
- Žličice šećera: 1 i ½-2 žličice (ili više po ukusu)
- Bijeli papar: ¼ žlice
- Sušeni mljeveni čili: ½ - ¾ žličice (ili više po ukusu)

UPUTE:
a) Rezance skuhajte dok ne budu al dente u blago posoljenoj vodi, ocijedite ih i isperite hladnom vodom.
b) U šalici pomiješajte sve sastojke za umak za prženje, dobro promiješajte da se šećer rastopi. Staviti na stranu.
c) Na srednje jakoj vatri zagrijte wok ili veliku tavu.
d) Na ulju popržite češnjak, ljutiku i đumbir 1 minutu.
e) Dodajte mrkvu i 1 do 2 žlice umaka za prženje koji ste prethodno napravili.
f) Pržiti dok mrkva malo ne omekša.
g) Dodajte 3 do 4 žličice umaka za prženje plus crvenu papriku, brokulu i gljive.
h) Nastavite pržiti dok gljive i crvena paprika ne omekšaju, a brokula postane jarko zelena, ali još uvijek hrskava.
i) Pomiješajte rezance i preostali umak za prženje u velikoj posudi za miješanje.
j) Zadnju minutu kuhanja ubacite klice graha.
k) Poslužite odmah u zdjelicama ili tanjurima sa svježim korijanderom ili bosiljkom posutim po vrhu.

92. Tajlandski rižini rezanci s bosiljkom

SASTOJCI:
- Tajlandski rižini rezanci: 6-10 unci
- Biljno ulje: 2 žlice (za prženje)

ZA PRELJEVE:
- 1 šaka bosiljka: za ukrašavanje, svježi
- 1 šaka indijskih oraščića: za ukrašavanje (nasjeckani/mljeveni)

ZA UMAK OD BOSILJKA:
- Bosiljak: ½ šalice, svježeg
- Suhi indijski oraščići: ⅓ šalice (suho pečeni i neslani)
- Češnjevi češnjaka: 3-4
- Kokosovo/maslinovo ulje: 4 žlice
- Sok od limete: 1 žlica (svježe iscijeđen)
- Riblji umak/sojin umak za vegetarijance: 1 žlica
- 1 čili: po želji

UPUTE:
a) U loncu zakuhajte vodu, maknite s vatre i dodajte rezance.
b) Kad radite umak, namočite rezance.
c) Rezance potom treba ocijediti i isprati hladnom vodom da se ne zalijepe.
d) U mini sjeckalici pomiješajte sve sastojke za umak od bosiljka i sve zajedno umutite.
e) Na srednje jakoj vatri ulijte ulje u veliku tavu i promiješajte ga prije dodavanja rezanaca.
f) Dodajte 2 žlice umaka ili dok ne postignete željenu mekoću.
g) Maknite posudu s vatre. Ubacite preostali umak da se ravnomjerno rasporedi.
h) Poslužite uz posip svježeg bosiljka i nasjeckanih ili mljevenih indijskih oraščića.

93. Pržena riža s ananasom

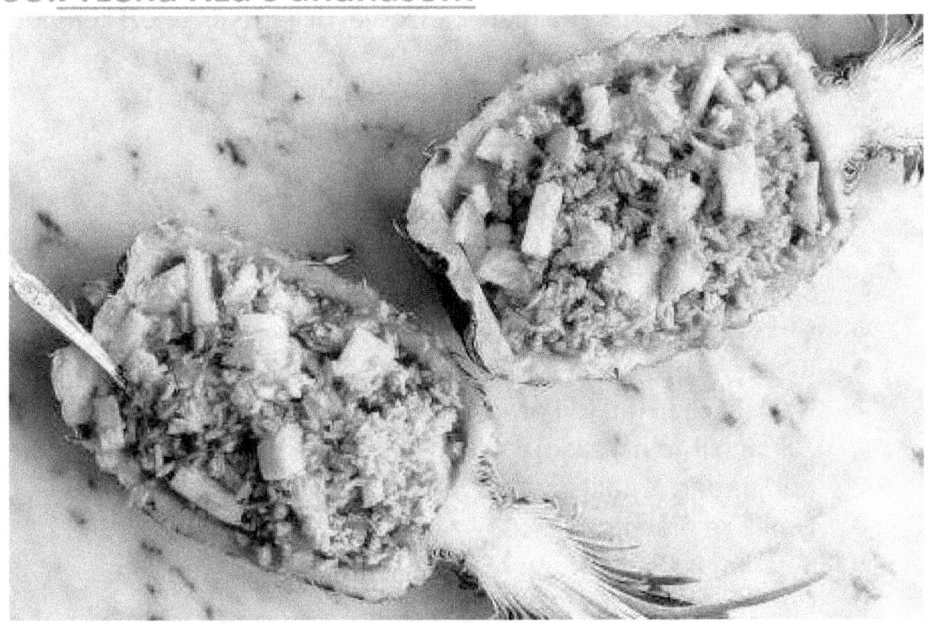

SASTOJCI:
- Komadići ananasa: 1 mala konzerva, ocijeđeni/ svježi komadi ananasa: 1 i ½ šalice
- Kuhana riža: 3-4 šalice (radije stara nekoliko dana)
- Temeljac od povrća/faks piletine: ¼ šalice
- Luk: 2 (sitno nasjeckana)
- Češnja češnjaka: 3 (sitno nasjeckana)
- Crveni ili zeleni čili: 1, tanko narezan
- Smrznuti grašak: ½ šalice
- Mrkva: 1 manja, naribana
- Ribizle/grožđice: ¼ šalice
- Neslani cijeli indijski orah: ½ šalice (prženog)
- Luk: 3 (sitno narezan)
- Korijander: ⅓ šalice, svježi
- Umak za prženje:
- Soja umak: 3 žlice
- Curry prah: 2 žličice
- Šećer: ½ žličice

UPUTE:
a) Pomiješajte 1 žlicu ulja s rižom, vrhovima prstiju razbijte grudice i ostavite sa strane.
b) Pomiješajte sojin umak i curry prah u šalici i umutite da se sjedine.
c) U wok/veliku tavu na srednje jakoj vatri nakapajte 1-2 žlice ulja.
d) Umiješajte čili, češnjak i ljutiku dok ne zamiriše, oko 1 minutu.
e) Umiješajte grašak i mrkvu.
f) Pomiješajte komade ananasa, rižu, ribizle, grašak i indijske oraščiće u zdjeli za miješanje.
g) Prelijte smjesu ribljeg/sojinog umaka s curryjem i pržite uz miješanje 5 do 8 minuta.
h) Isključite plamenik. Kušajte i prilagodite okuse.
i) Recimo posluživanje na zabavi, u izrezbareni ananas). Poslužite s korijanderom i mladim lukom i UŽIVAJTE!

94. Tajlandska kokosova riža

SASTOJCI:
- Kokosovo ulje/biljno ulje: ½ žličice
- Tajlandska bijela riža s jasminom: 2 šalice (dobro isprane)
- Kokosovo mlijeko: 2 šalice (konzerva)
- Sol: ½ žličice
- Šalice vode: 1 ¾ šalice

UPUTE:
a) U loncu s dubokim stijenkama utrljajte ulje po cijelom rubu.
b) U velikom loncu pomiješajte rižu, sol, kokosovo mlijeko i vodu.
c) Prestanite miješati dok tekućina ne počne lagano mjehuriti.
d) Čvrsto pokrijte poklopcem i kuhajte dok riža ne upije većinu tekućine.
e) Vilicom izvucite rižu sa strane da vidite je li kuhana.
f) Kuhajte na pari još nekoliko minuta ako je još ostalo dosta tekućine. Isključite vatru kada je tekućina g1.
g) Držite poklopljeni lonac na vrućem plameniku još 5 do 10 minuta, ili dok ne budete spremni za jelo, s isključenom toplinom.
h) Probajte sol i po potrebi dodajte još koji prstohvat. Kombinirajte rižu sa svojim omiljenim jelima za ukusan obrok.

95.Tajlandska žuta riža

SASTOJCI:
- Biljno ulje: 2 žlice
- Luk: ¼ šalice (sitno nasjeckanog)
- Češnjevi češnjaka: 3, mljevena
- Pahuljice čilija: ⅛-¼ žličice (ili kajenskog papra)
- Crvena paprika: ¼ šalice, narezane na kockice
- Roma paradajz: 1, na kockice
- Bijela tajlandska riža od jasmina: 2 šalice (bijela basmati riža, nekuhana)
- Pileći temeljac: 4 šalice
- Limeta: 1, cijeđena
- Riblji umak: 2 žlice (ili soja umak)
- Kurkuma: ½ žličice
- Šafran: ⅓-¼ žličice
- Smrznuti grašak: ¼ šalice
- Sol: po ukusu
- Svježi bosiljak: šaka, za ukras

UPUTE:
a) Zagrijte veliki lonac na jakoj vatri.
b) Ulijte ulje i dobro provrtite.
c) Nakon toga ubacite čili, luk i češnjak.
d) Nakon toga dodajte rajčicu i crvenu papriku.
e) Umiješajte rižu da se ravnomjerno obloži.
f) Zatim dodajte temeljac i pojačajte vatru.
g) Pomiješajte riblji umak, šafran (ako koristite), kurkumu i sok od limete u velikoj zdjeli za miješanje. Sve zajedno dobro promiješajte.
h) Ostavite 15 do 20 minuta da se riža skuha.
i) Uklonite poklopac i ubacite grašak, lagano miješajući rižu dok idete.
j) Vratite poklopac i ostavite rižu da odstoji najmanje 10 minuta.
k) Uklonite poklopac s riže i promiješajte vilicom ili štapićima. Probajte i po potrebi začinite s prstohvatom soli.
l) Ukrasite grančicom svježeg bosiljka.

96.Prženi patlidžan

SASTOJCI:
ZA UMAK
- Soja umak: 1 i ½ žlica
- Vegetarijanski umak od kamenica: 2 žlice
- Smeđi šećer: 1 žličica
- Kukuruzni škrob: 1 žličica
- Voda: 2 žlice

ZA PATLIDŽAN
- Ulje: 2-3 žlice (za prženje)
- Luk: ½ (preferirao bih ljubičasti luk)
- Češnjevi češnjaka: 6 (mljeveni, podijeljeni)
- Crveni čili: 1-3
- Kineski japanski patlidžani: 1 veći/2 tanja
- Voda: ¼ šalice (za miješanje)
- Soja umak: 2 žlice
- Svježi bosiljak: ½ šalice (podijeljeno)
- Kikiriki/indijski oraščići: ¼ šalice (suho pečeni, nasjeckani)

UPUTE:
a) Pomiješajte sve sastojke za umak, osim kukuruznog škroba i vode, u zdjeli za miješanje.
b) U zasebnoj šalici ili posudi pomiješajte kukuruzni škrob i vodu. Staviti na stranu.
c) Patlidžan narežite na sitne kockice.
d) Na srednje jakoj vatri dodajte 2 do 3 žlice ulja u wok ili veliku tavu. Zatim dodajte ½ češnjaka, luka, čilija i patlidžana u zdjelu za miješanje.
e) Dodajte 2 žlice soja umaka i nastavite pržiti dok patlidžan ne omekša, a bijelo meso postane gotovo prozirno.
f) Dodajte ostatak češnjaka i umak dok patlidžan ne omekša.
g) Sada dodajte smjesu kukuruznog škroba i vode. Stalno miješajte kako bi se umak ravnomjerno zgusnuo. Maknite posudu s vatre.
h) Ako jelo nije dovoljno slano, dodajte soja umak ili sok od limuna/limete ako je preslano.
i) Dodajte 3/4 svježeg bosiljka i kratko miksajte da se sjedini.
j) Stavite na tanjur za posluživanje i po želji pospite preostalim bosiljkom i nasjeckanim orašastim plodovima.

97. Tajlandsko prženo zelje

SASTOJCI:
- Kineska brokula: 1 vezica
- Umak od kamenica: 3 žlice
- Voda: 2 žlice
- Soja umak: 1 žličica
- Šećer: 1 žličica
- Ulje: 1 žlica
- Češnjevi češnjaka: 3, mljevena

UPUTE:
a) Brokulu temeljito isperite i otresite višak vode.
b) Ostavite stabljike, koje bi trebale biti izrezane na komade od 1 inča.
c) Listove sitno narežite.
d) Pomiješajte umak od kamenica, umak od soje, vodu i šećer u maloj šalici.
e) Na jakoj vatri zagrijte wok ili veliku tavu. Zavrtite ulje.
f) Umiješajte češnjak nekoliko sekundi.
g) Ubacite stabljike i lišće, popraćeno umakom.
h) Često miješajte i bacajte povrće dok lišće ne uvene, a stabljike omekšaju.

98. Tajlandski prženi špinat s češnjakom i kikirikijem

SASTOJCI:
- Svježi špinat: 1 veća vezica
- Češnja češnjaka: 4 (sitno nasjeckana)
- Crveni čili: 1
- Temeljac od povrća: ¼ šalice
- Vegetarijanski umak od kamenica/umak za prženje: 2 žlice
- Soja umak: 1 i ½ žlice
- Sherry: 1 žlica
- Smeđi šećer: 1 žličica
- Sezamovo ulje: 1 žličica
- Crvena paprika: ½ (po želji, tanko narezana)
- Kikiriki ili indijski oraščići: ¼ šalice (grubo nasjeckanog, za preljev)
- Biljno ulje: 2 žlice

UPUTE:
a) Pomiješajte temeljac, šeri, umak od kamenica, smeđi šećer i sojin umak u šalici. Staviti na stranu.
b) Ocijedite špinat nakon što ga isperete.
c) Na srednje jakoj vatri zagrijte wok ili veliku tavu.
d) Umiješajte 1 do 2 žlice biljnog ulja, zatim dodajte češnjak i čili (ako koristite).
e) Dodajte ljuskice crvene paprike (ako koristite).
f) Umiješajte špinat nekoliko sekundi.
g) Umiješajte umak za prženje dok se špinat ne skuha do tamnozelene boje.
h) Maknite s vatre i kušajte kako biste prilagodili okuse.
i) Po vrhu pokapajte sezamovo ulje i po vrhu pospite nasjeckane orahe.

99. Tajlandska soja u šalicama kupusa

SASTOJCI:
- Zrno soje: 1 šalica
- Luk: ¾ šalice, nasjeckanog
- Češnjak: 2 žličice, nasjeckan
- Zeleni čili: 2 žličice (nasjeckanog)
- Umak od rajčice: 2 žlice
- Korijander: 3 žlice (nasjeckanog)
- Soja umak: 2 i ½ žlice
- Tajlandska crvena curry pasta: 1 žlica
- Klice graha: ½ šalice
- Kikiriki: po želji
- Limun: ¾ soka
- Mladi luk: po želji
- Korijander: nasjeckan
- Čili pahuljice: po želji

UPUTE:
a) Sojino zrno namočiti najmanje ½ sata u vodi. 3-4 puta oprati.
b) Sada ih stisnite kako biste uklonili svu vodu.
c) U woku zagrijte 1 žlicu ulja.
d) U tavi skuhajte nasjeckani luk.
e) Stavite nasjeckani češnjak i zeleni čili,
f) Dodajte zrno soje. Kuhajte dok voda ne ispari.
g) Dodajte umak od rajčice, tajlandski crveni curry pastu i sojin umak.
h) Dodajte prstohvat crnog papra i nastavite kuhati. Sada dodajte mladi luk i kuhajte dok ne postane hrskav.
i) Ubacite mladi luk, korijander, pahuljice čilija i šaku prženog kikirikija.
j) Iscijedite limunov sok i okusite sol.
k) Poslužite s malim šalicama kupusa kao ukrasom.

100. Tajlandski pečeni slatki krumpir i ube

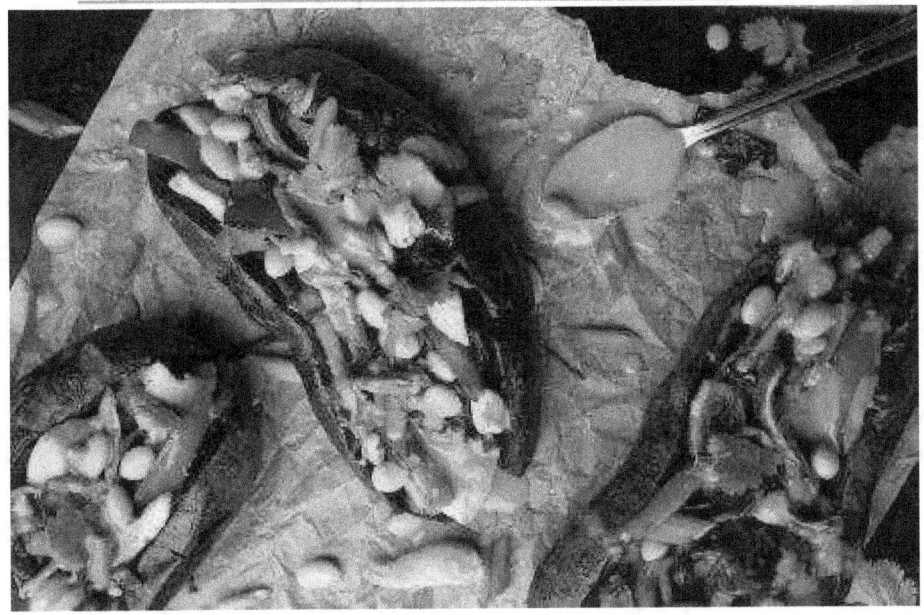

SASTOJCI:
- Batat: 2 (oguljen i narezan na kockice)
- Bat: 3-4 (ljubičasti, oguljeni i narezani na kockice)
- Velika mrkva: 1 (narezana/narezana)
- Kokosovo ulje/biljno ulje: 3 žlice
- Kajenski papar: ½ žličice
- Kumin: ¼ žličice
- Sjemenke kima: 1 čajna žličica (cijela)
- Sirup: 2 žlice (smeđa riža/javorov sirup)
- Sol: po ukusu
- Crni papar: po ukusu
- Korijander: 1 šaka (nasjeckanog svježeg)
- Crveni čili: 1 nasjeckani (po želji, za ukras)

UPUTE:
a) Zagrijte pećnicu na 350 stupnjeva Fahrenheita.
b) U ravnu vatrostalnu posudu pomiješajte nasjeckano povrće.
c) Preko ulja pospite sjemenke kima, kajenski papar i mljeveni kim.
d) Za miješanje sve dobro promiješajte.
e) Stavite posudu u pećnicu 45 minuta nakon što ste dodali 3 žlice vode.
f) Izvadite povrće iz pećnice kada omekša. Dodajte maslac (ako koristite) i prelijte sirupom, ostavljajući ih u posudi za pečenje.
g) Začinite solju i paprom i promiješajte da se sjedini.
h) Kušajte i po potrebi dodajte još soli.
i) Ukrasite korijanderom i čilijem (ako koristite).

ZAKLJUČAK

Dok završavamo naše dirljivo putovanje kroz "Vodič za osnovnu azijsku ugodnu hranu", nadamo se da ste iskusili okuse koji zadovoljavaju dušu i kulturno bogatstvo azijske udobne kuhinje. Svaki recept na ovim stranicama slavljenje je utješnih okusa, tehnika i utjecaja koji čine azijsku ugodnu hranu izvorom radosti i nostalgije – svjedočanstvo dirljivih užitaka koji donose utjehu duši.

Bilo da ste uživali u bogatstvu juha s rezancima, prigrlili jednostavnost jela s rižom ili se prepustili slastima deserata nadahnutih Azijom, vjerujemo da su ovi recepti probudili vašu zahvalnost za raznolike i duboko zadovoljavajuće okuse azijskog kuhanja. Osim sastojaka i tehnika, neka "OSNOVNI VODIČ ZA UDOBNU AZIJSKU HRANU" postane izvor inspiracije, povezanosti s kulturnim tradicijama i proslava radosti koja dolazi sa svakim utješnim zalogajem.

Dok nastavljate istraživati svijet azijske ugodne kuhinje, neka vam ovaj vodič bude pouzdani suputnik, vodeći vas kroz niz recepata koji prikazuju toplinu, bogatstvo i prirodu ovih omiljenih jela koja zadovoljavaju dušu. Evo za uživanje u udobnosti azijskih okusa, rekreiranje toplih jela i prihvaćanje radosti koja dolazi sa svakim zalogajem. Sretno kuhanje!